SNS
マーケティング
100の法則

100 Tips For Beginning Social Media Marketing

すぐに始めたい人の導入法・活用法

カーツメディアワークス
Kartz Media Works

日本能率協会マネジメントセンター

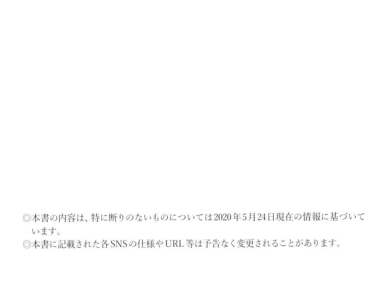

◎本書の内容は、特に断りのないものについては2020年5月24日現在の情報に基づいています。

◎本書に記載された各SNSの仕様やURL等は予告なく変更されることがあります。

はじめに
日々変化するSNSマーケティングに立ち向かうための道しるべに

　自社のSNSに満足していますか?
・アカウントを作ったはいいけれど、人手やネタの不足でなかなか投稿ができていない
・まめに投稿しているのに、なかなかフォロワーが増えない
・投稿にいいねやコメントなど、リアクションをしてもらえない
・なんとなく始めてしまったが、今のSNSが自社に合っているのかわからない
・他のSNSも始めたほうがよいか悩んでいる
・各サービスや店舗、ブランドごとのSNSアカウントが乱立してしまい管理ができない
・フォロワーの数は増えてきたけれど、今後どうアプローチしていけばよいか悩んでいる

　本書は、このような課題を解決する糸口が見つかる1冊を目指しました。
　昨今、自宅で仕事をする方も多くなり、スマートフォンやパソコンに触れている時間、SNSを通じて情報収集やコミュニケーションを取り合う時間はますます増えています。
　また近年のSNSは、コミュニケーションツールとしてだけでなく、商品やサービスの購入のきっかけとしても非常に重要な役目を果たしています。SNSで見かけ、クチコミを読んで興味を持ち、そのままオンラインショップのリンクに飛んで購入する。このようにSNSがもたらす購買行動は、今後ますます普通になって

いくことでしょう。各企業でも、マーケティングの一環として
SNS運用を行っているケースは、決して少なくないはずです。

　一方、SNSマーケティング戦略をしっかり立てるのに十分な
時間や、それに見合った予算が潤沢にあり、SNS専任の担当者
が毎日しっかり運用、管理できているという企業はどのくらいあ
るでしょうか。

　マーケティング担当の方や広報の方がSNS運用も兼任されてい
る、SNS担当者は自分だけ、周りに相談できるメンバーはおら
ず、予算もあまりないという状況も多いのではないでしょうか。

　そんな孤独なSNS担当の方が抱く悩みの多くが、先にあげた
ような「手が回らない」「何から手をつけていいのかわからない」
「どう改善すればよいのかわからない」という悩みです。

　本書では、SNSマーケティングをよく知らなくても、読めばす
ぐできることがわかるように、基本的な仕組みから導入・運用の
方法、マーケティング施策、SNS広告への取り組みにいたるま
で、SNSの基本的な実務ノウハウを具体的にご紹介しています。

　カーツメディアワークスでは長年、さまざまな企業様の「中の
人」になったつもりでSNSのご支援をさせていただいてきまし
た。その経験から蓄積してきた弊社のSNSマーケティングにつ
いてのノウハウが、少しでもSNSの課題を抱えている方々のお
役に立てれば幸いです。

　2020年6月
　　　　　　　　　　　　株式会社カーツメディアワークス

SNSマーケティング100の法則　◎目次

第2章 やるべきことがわかる
運用開始術

第**3**章 **ユーザーの目を引く**
コンテンツ作成術

第4章 ファンと深くつながる コミュニケーション術

第6章 効果検証を次に活かす分析術

第7章 ファンを広げる キャンペーン活用術

第1章

SNSマーケティングを
始めよう！

SNSの利用率から、ビジネスチャンスを考える

　今やSNSは、コミュニケーションを取り合うだけでなく、趣味やビジネスなどの情報を集めるのに活用したり、誰かが紹介した商品をそのまま購入したりとさまざまな役割を担っています。

　総務省の『平成30年度 情報通信メディアの利用時間と情報行動に関する調査報告書』によると、LINEの利用率は全年代で82.3%、YouTubeは75.7%。これらのSNSは利用率が約8割に到達しており、もはや電話やテレビのように、私たちの生活に浸透していることがわかります。また3大SNSの利用率を見てみると、Twitter37.3%、Instagram35.5%、Facebook32.8%と、どれも全年代で約3割以上利用されており、平成24年度と比較するとどのSNSも約2倍以上利用者が伸びていることがわかります。

　このように、SNSの利用者数は全年代で増加しており、今後もしばらく、SNSは世界中の人々の生活に欠かせないツールであり続けることは間違いないでしょう。そのため、現在も影響力の強いマスメディアである**テレビや新聞、雑誌などにも匹敵、あるいは超えるほどの影響力がSNSには秘められている**のです。そこが、SNSマーケティングの最大の注目点だといえます。

平成30年度主なソーシャルメディア系サービス／アプリ等の利用率（全年代・年代別）

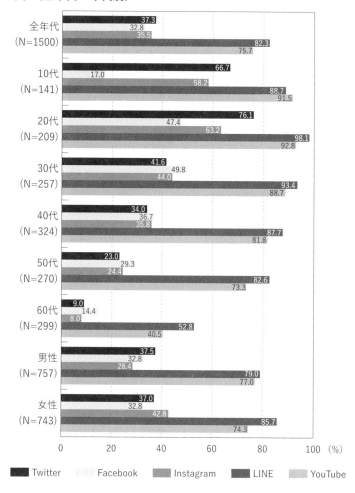

出典：総務省情報通信政策研究所「平成30年度 情報通信メディアの利用時間と情報行動に関する調査報告書」（令和元年9月）を元に作成

SNSの利用時間を知ると、狙うべき年齢層がわかる

　スマートフォンの普及により、「いつでも」「どこでも」インターネットが利用できる時代となりました。今後、さらなる大容量・高速の第5世代移動通信システム「5G」が広まれば、インターネットはパソコンではなくスマホで、という流れが今まで以上に加速していくはずです。もちろん、SNSの利用率もさらに増加するため、マーケティングの手法のひとつとして、今後も注目されることでしょう。

　では実際に、現代人はどれほどの時間をSNSに費やしているのでしょうか。右ページのグラフは、総務省の発表をもとに作成した、年代別のSNS利用時間を表したものです。

　このグラフを見ると、**SNS利用層の中心は10代、20代の若者**であることがわかります。SNSマーケティングを行うのであれば、必然的にこの層がメインターゲットとなるでしょう。反対に、60代以上をターゲットにするのは難しいといえそうです。

　また、**年代によって利用するSNSに違いが見られます。**それについては第2章で詳説しますが、いずれにしてもどの年代がSNSを利用しているのかを把握することは、マーケティングにおいて重要だといえます。

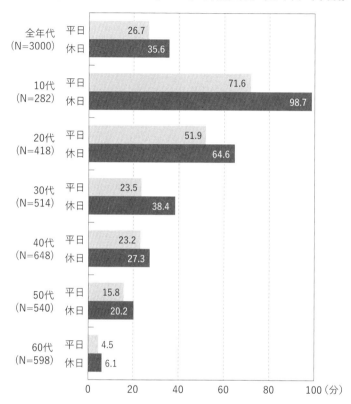

平成30年度 ソーシャルメディアの平均利用時間（全年代・年代別）

		値
全年代（N＝3000）	平日	26.7
	休日	35.6
10代（N＝282）	平日	71.6
	休日	98.7
20代（N＝418）	平日	51.9
	休日	64.6
30代（N＝514）	平日	23.5
	休日	38.4
40代（N＝648）	平日	23.2
	休日	27.3
50代（N＝540）	平日	15.8
	休日	20.2
60代（N＝598）	平日	4.5
	休日	6.1

出典：総務省情報通信政策研究所「平成30年度 情報通信メディアの利用時間と情報行動に関する調査報告書」（令和元年9月）を元に作成

10代〜20代が
中心

UGC増加を意識すると、クチコミ効果を実感できる

　SNSマーケティングを語るうえで、重要なキーワードのひとつとなっているのが「**UGC**」です。「UGC」は「User Generated Contents」の略で、**企業ではない一般のユーザーによって作られたコンテンツ**のことを指します。たとえば話題のコスメが発売されると、使用した感想を書いた投稿がSNS上にたくさん見られます。このクチコミのような投稿が、UGCに該当します。

　読者の皆さんも、何かを買うときにクチコミを参考にしたことがあると思います。一般的なユーザーは、企業が発信する情報だけではなく、実際に購入・体験しないとわからない情報を求めています。これまでもネット掲示板やショップのレビューは、商品の購入を決める重要な手がかりとして注目されていました。

　ですがSNS普及以前は、商品のレビューを見るのに少し手間がかかりました。まず、そのレビューがどこに投稿されているかをインターネット上でわざわざ探さなくてはならなかったからです。ショッピングサイトにしても、掲示板にしても、まずはそこにたどりつくことからスタートしていました。いわゆる「ググる」という作業です。

　現在はSNSでキーワードを検索すれば、ユーザーの声を簡単

に見つけることができます。この方法はハッシュタグ＊を利用することから「タグる」とも呼ばれています。より早く、直接的にクチコミを入手できるのです。

たとえばSNS上のコメントをもとに観る映画を決める、といった使われ方も、SNSマーケティングでのUGCの活用方法のひとつです。クチコミが広がるスピードは、SNSの普及によりさらに加速しています。このUGCを増やすための施策を打つのは、SNS運用担当者としては、当然努力していくべきことでしょう。

Instagramでのハッシュタグ検索

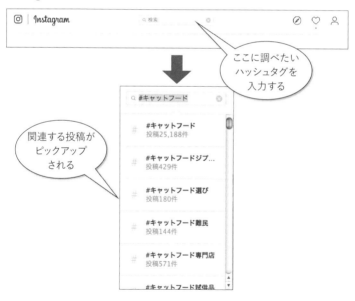

＊ハッシュタグ：投稿内に付けるハッシュ記号（＃）のこと。ハッシュタグを投稿に付けると、同じ内容に関心のあるユーザーに発見されやすくなる。

中の人のキャラが見えると、愛され企業アカウントになる

　シャープ株式会社の「シャープさん」など、企業の公式アカウント*がTwitter上で人気となり、キャラクターのように扱われるケースが増えています。このような**個性を打ち出した企業アカウントは注目度も高く、バズる機会も多い**です。企業にとっては、テレビCMにも匹敵する有効な宣伝ツールとなります。

　このような**人気企業アカウントは、「親近感」を持たれやすい発信を行っています**。たとえば一般の人の投稿やトレンドワードなどに素早く反応してコメントしたり、自社の宣伝もユーモアや時事ネタを交えて投稿したりなどです。企業から個人への情報提供というと一方的な印象がありますが「**中の人**」と呼ばれる担当者のキャラクター性が投稿の中に感じられれば、「中の人」のSNSを通して、**企業にも愛着を持ってもらえる**のです。

　ユーザーから愛される企業アカウントを目指すのであれば、他の企業アカウントがどんな内容をどんなタイミングで発信しているか、常に研究しましょう。

　企業が発信する情報に興味を持ってもらうには、まず企業のアカウント自体に興味を持ってもらうことです。遠回りに思えても、そのための工夫やアイデアは無駄ではありません。

Twitterで人気の企業アカウント例

SHARP シャープ株式会社 ✅
@SHARP_JP

面白い企業アカウントとして、最も広く知られているアカウントの1つ。ゆるいツイートを連発するだけでなく、一般ユーザーと積極的にコミュニケーションをとるのも人気の理由となっている。

株式会社タニタ ✅
@TANITAofficial

Twitter上では一定の知名度を誇り、その人気ぶりはマンガにもなったほど。「今日聴きたい曲」を日々投稿するなど、「中の人」のキャラクターが前面に出ている。

キングジム ✅
@kingjim

2人の女性社員が「姉」「妹」という姉妹になりきり人気を集めた。「妹」さんが「中の人」を卒業する際にはフォロワーに手書きのメッセージを贈り、話題となった。

タカラトミー ✅
@takaratomytoys

タカラトミーのアカウントは、おもちゃの情報と笑いを絡めた投稿が人気。担当者のおもちゃへの熱い思いが十分に伝わってくる。1日の平均ツイート数が多いのも特徴のひとつ。

ローソン ✅
@akiko_lawson

公式キャラクターである「あきこちゃん」がツイート。新商品の告知が主だが、あきこちゃんが紹介しているため、柔らかい印象になっている。公式キャラクターがいる強みといえる。

セブン-イレブン・ジャパン ✅
@711SEJ

こちらも新商品の告知がほとんど。「食べたくなったら【RT】」「もう食べた人は【いいね】」などユーザー参加型の投稿を増やすことで、情報を上手く拡散させている。

＊アカウント：SNSを使用するための権利で、いわば個人情報が登録される会員証のようなもの。アカウントの所有者のことを指す場合もある（例：「このアカウントをフォローしよう」など）。

拡散しやすい投稿を作ると、より多くシェアされる

　SNSがマーケティング手法として注目、利用される大きな理由が情報の拡散力です。そもそも「**面白い**」「**欲しい**」「**気に入っている**」**といった情報を広めるのは、SNSの最も得意とするところです。**

　SNS上での情報は、シェア（情報拡散のこと。Twitterではリツイート）されることで広がっていきます。

　特に拡散力の強いTwitterを例にすれば、Aという企業のツイートをBというユーザーがリツイートすることで、Bのタイムライン[*]にAのツイートが掲載されます。Bが情報を拡散し、それを見たCやDがさらに広める……といった具合に、リツイートされる数が多ければ多いほど、その情報が広がっていくことになります。少ない費用や労力で、何万人というユーザーの目に留まる情報が発信できるのです。

　しかし、その拡散力がマイナスになってしまうこともあります。**ネガティブな情報が急速に広まる状態を「炎上する」と言い**ますが、企業のアカウントが炎上してしまうことは珍しくありません。さらに昨今では炎上がニュースになることも多いので、SNSを利用しない層にもその情報は届いてしまいます。この点には十分な注意が必要です。

SNSでの情報拡散経験

(単位：%)

	ほぼ毎日	週1〜2回程度	週1〜2回未満	ない	全体数：人
全体	17.1	13.6	24.6	44.7	1178
20代以下	21.7	17.4	22.0	38.8	327
30代	16.5	11.4	23.1	49.1	273
40代	13.3	12.5	26.6	47.7	256
50代	18.7	13.6	24.2	43.4	198
60代以上	11.3	10.5	31.5	46.8	124

出典：総務省「社会課題解決のための新たなICTサービス・技術への人々の意識に関する調査研究」（平成27年）

20代以下が最も多く情報を拡散していることがわかる。

情報拡散の基準

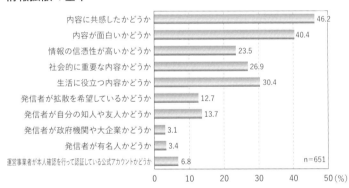

出典：総務省「社会課題解決のための新たなICTサービス・技術への人々の意識に関する調査研究」（平成27年）

**「情報の信憑性が高いかどうか」はわずか23.5%。SNSでは事実かどうかよりも、
共感できるものや面白いものが拡散されやすい傾向にある。**

＊タイムライン：TwitterやLINEなどで使われる用語。時系列などで自分や他人の投稿が表示されているページのことを指す。

ファンを大切にすると、
SNSがさらに盛り上がる

　皆さんにも、長年支持している企業や商品があるのではないでしょうか。「あの会社のサービスなら間違いない！」「この商品がないと生きていけない！」とまで言うと大げさかも知れませんが、とあるものを愛用し続け、それを誰かに薦めたことぐらいは誰にでもあるはずです。

　売り上げを支え続け、新たな顧客の獲得にもつながる支持者＝「ファン」という存在。コミュニケーションディレクターである佐藤尚之氏は、このファンを中心とした「**ファンベース**」という考え方を、マーケティング業界に広く知らしめてきました。この**ファンベースとは、新規顧客の獲得だけに注力するのではなく、既存のファンを大切にする。ファンによる売り上げを安定させたうえで、新規顧客を狙っていくという考え方**です。

　とある企業や商品の支持者がその情報を発信し、誰かがそれを共有する。SNS上でよく見られるこのやりとりは、まさにファンベースの考え方と似ています。SNS上においては、ファンを大切にするという「顧客起点」の考え方は何よりも重要なのです。

　SNSというツールは、フォローすることもフォローを外すことも簡単です。いちフォロワーからファンになってもらうために

も、なってくれたファンに見限られないためにも、魅力のある情報をコンスタントに投稿することは欠かせません。

SNSでのファンベースの流れ

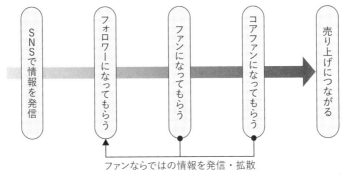

SNSで情報を発信 → フォロワーになってもらう → ファンになってもらう → コアファンになってもらう → 売り上げにつながる

ファンならではの情報を発信・拡散

フォロワー	ファン	コアファン
人数自体は多いが、好意的な人ばかりとは限らない。なんとなくフォローしてくれているだけの人も多く、まだ利益にはつながりにくい。	実際に商品やサービスを体験し、好意的に思ってくれている人。ここからさらにコアなファンになってくれると、より利益につながりやすい。	商品やサービスを長年愛用し続けてくれている人。売り上げの安定に貢献してくれるだけでなく、クチコミで他の人に薦めてくれることもある。

 SNSを駆使して
ファンベースマーケティングを進めよう！

マーケティング全体から、SNSの役割を考える

　「SNSは直接購入につながりにくいから」と、企業によっては「SNSは余力があればやるもの」という扱いをすることがあります。**企業がSNSを行う目的を見失わないようにするには、マーケティング戦略の全体像を描き、そのうえでSNSの役割を考える必要があります。**

　マーケティング戦略の一番の目的が「商品やサービスを購入・利用してもらうこと」だった場合で考えてみましょう。商品やサービスをより多くの人に購入・利用してもらうには、多くの人に企業や商品・サービスの魅力を広め、知ってもらう必要があります。SNSは、その認知拡大にたいへん有効なツールと言えます。

　確かにSNSは従来のWeb広告と違い、直接購入につながるイメージはつきにくいかもしれません。しかし、**商品・サービスの価値を高める「ブランディング」には、非常に有効な手段です。**

　マーケティングの全体像が見えていないと、SNSマーケティングを成功させることもできません。

　まずはマーケティングの全体像を描き、そのうえでSNSに何ができるか、SNSをどこに組み込むべきかを考えてみましょう。

SNSを利用したマーケティング例

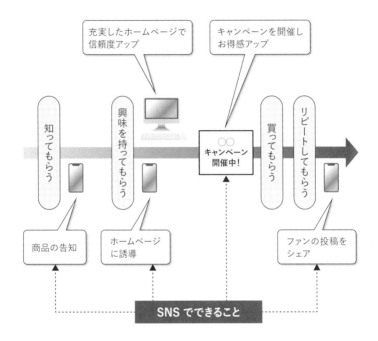

マーケティングの全体像を描いてみて、その中からSNSの活用を検討してみよう！

目的・読者・炎上について、真摯に考える

　ここまでSNSマーケティングのメリットや成功例を紹介してきましたが、その反面、うまく活用できていない企業アカウントも星の数ほど存在します。では、SNSマーケティングにおいて失敗を防ぐポイントはどこにあるのでしょうか。

　まず、SNSを行う目的をはっきりさせること。「他の企業も取り入れているから」といった理由だけで始めず、ファンの皆様にどのような情報を提供したいのかを突き詰めて考えます。広報なのか、ブランディングなのか、それともサイトへの誘導なのか。目的がはっきりしないと、投稿すること自体が目的となってしまいます。カーツメディアワークスでも「SNSをやりたい」という相談を多くいただきますが、その理由を必ず深く聞き出し、場合によってはSNS以外の施策を提案することもあります。

　また目的が明確でも、投稿の先にいる読者を意識していなければ、期待していたような反応は得られません。「ターゲット」については第2章で詳説しますが、それ以前に、ただ伝えたいことだけを発信している企業アカウントもたくさんあります。

　そして絶対に避けたい失敗が「炎上」。個人なら炎上したアカウントを削除してしまうこともできますが、企業の場合は謝罪文

の掲載やマスコミへの説明など、それ以上の対応が求められます。最悪、裁判沙汰になることもあります。チャレンジ性のある投稿も時には必要ですが、そういった場合は担当者に限らず、複数人にチェックしてもらうことをおすすめします。このようなSNS運用失敗例を知り炎上対策を練っておけば、より安全なSNS運用を行うことができます。

実際にあった企業アカウントの炎上例

炎上例①
キャラクターに政治的発言をさせた

防止策：
政治や宗教など、人によって価値観が異なる話題には触れないようにする。過敏に反応されやすい以上に多くの人を傷つける可能性があるため。不安な場合は、投稿前に複数人で内容を確認すること。「キャラクターが言ったことだから」という言い訳は当然通用しない。

炎上例②
芸能人が来店したことを報告

防止策：
過去には目撃した本人がそのことを家族に話し、家族がSNSに投稿→炎上というケースも。プライバシーに関わることは十分な注意が必要。

炎上例③
書店が行った書籍のPRが問題に

防止策：
その書籍が、ある国に批判的な内容であったため、ヘイトスピーチにあたると批判されたケースも。やはり過激な題材は避けたほうが無難。

炎上例④
ステルスマーケティングを行った

防止策：
インフルエンサーに商品のPRを依頼する場合は「PR」などと明記するのがルール。それを守らないと炎上のきっかけになってしまうことも。

炎上例⑤
投稿のタイミングが不適切

防止策：
普段なら波風の立たないような内容でも、災害時などに投稿したことで「不謹慎だ」と炎上するケースもある。内容だけでなく、タイミングにも気をつける。

炎上例⑥
ウケ狙いが不快に思われた

防止策：
担当者が面白いと思っても、他の人がそう受けとってくれるとは限らない。投稿をする前に複数人に確認し、反応を確かめておく。

量も質も大切にすると、コアファンは必ず増える

　人気や注目度のバロメーターとして、「フォロワー数」を用いることが増えました。「フォロワー数○万人！」とのうたい文句は、SNSの枠を超え、テレビや雑誌でも日常的に目にします。

　SNSマーケティングにおいて、フォロワー数が多いのは当然「いいこと」です。それだけ注目度が高い証明にもなるし、企業の看板にも箔がつきます。フォロワーが多ければ多いほど、ファンが生まれる可能性も高まります。フォロワー数を増やすためのアクションは、欠かさず行っていくべきでしょう。

　しかし、それを過信するのは危険です。極端な話、炎上すれば一時的にフォロワーは増えるでしょうし、フォロワーをお金で売るビジネスもあります。ですが、そういったフォロワーが自社の商品を買ってくれることもなければ、サービスを利用してくれることもないのは明白です。

　結局のところ、その企業が愛されていなければ、フォロワーからコアファンになってもらえることはありません。フォロワーを増やす試みはとても大切ですが、それ自体が目的にならないように注意しましょう。

　もちろん、フォロワーが多いアカウントから学ぶことはたくさ

んあります。2020年2月17日時点で、Twitterで最もフォロワーが多い企業アカウントは「スターバックス コーヒー」。新商品の告知が多いこちらのアカウントでは、ほぼ毎回と言っていいほどアーティステックな写真とちょっとした一言が投稿に添えられています。**企業のイメージを大切にしつつフォロワーの興味を引く……**。このように自分たちのアカウントに合った投稿スタイルを探っていくことが、SNS運用担当者には常に求められています。

Twitterでフォロワーが多い企業アカウントトップ10

（2020年2月17日現在、meyou調べ）

順位	アカウント名	フォロー数	フォロワー数	利用開始
1	スターバックス コーヒー @Starbucks_J	174.2万	477.9万	2010年11月
2	ローソン @akiko_lawson	19万	471.8万	2010年2月
3	セブン-イレブン・ジャパン @711SEJ	9,007	325.9万	2010年4月
4	マクドナルド @McDonaldsJapan	321	304.2万	2010年8月
5	ファミリーマート @famima_now	4.9万	178.5万	2009年11月
6	任天堂 @Nintendo	27	132.9万	2011年5月
7	コカ・コーラ @CocaColaJapan	7万	127.9万	2009年8月
8	ハーゲンダッツ @Haagen_Dazs_JP	8,962	119.5万	2010年2月
9	ANA旅のつぶやき【公式】 @ANA_travel_info	5	113.7万	2013年6月
10	SUNTORY（サントリー） @suntory	67	110.2万	2010年4月

グローバルな投稿を行うと、全世界が市場に変わる

　国内3大SNSであるTwitter、Facebook、Instagram は、どれもアメリカで誕生しました。そう考えれば当然とも言えますが、SNS ユーザーはアメリカを中心に世界中に存在しています。中国のようにFacebookやTwitter など一部の SNS が規制されている国もありますが、その中国でも Weibo や WeChat など独自のSNSが社会インフラとして発達しています。

　2020年、世界のインターネットユーザー数は約45億人で普及率59%、SNSの利用者数は約34 億人で普及率49%。これだけの人が国境を超え、いつでも「つながれる」状態にあるのです(データは Global Digital Overview レポート 2020年版)。

　世界中をターゲットにしたSNSマーケティングは、もちろん日本企業でもさかんに行われています。たとえば資生堂は、海外向けにInstagramで英語と画像による情報発信を展開。世界中のフォロワーを獲得しています。

　もちろん言語や文化の違いによる壁もありますし、そこで利益を生むにはさまざまな工夫が必要になるでしょう。ですがSNSがビジネスチャンスを大きく広げるツールであることは、すでに世界中で証明されています。

　昨今では、海外向けSNS運用を代行するサービスも増えてきています。

　「企業の海外進出」というと莫大な費用が伴うイメージですが、まずは海外向けSNSの運用からなら、少ない予算でも始められます。

　まずはターゲットとして「世界」を視野に入れるべきか検討してください。もし本当に国外にもSNSを展開したいというのであれば、多言語投稿を行ったり、言葉がわからなくても伝わる動画を撮ってみたり、投稿内容を工夫してみましょう。運用は大変ですが、あなたのファンは、意外な場所で増えるかもしれません。

各国のSNS利用率ランキング

日本	
1位	LINE（44.9%）
2位	YouTube（39.5%）
3位	Facebook（35.3%）

米国	
1位	Facebook（77.7%）
2位	YouTube（53.7%）
3位	Twitter（39.1%）

英国	
1位	Facebook（69.8%）
2位	YouTube（48.5%）
3位	Twitter（33.6%）

中国	
1位	WeChat（88.2%）
2位	weibo（54.9%）
3位	Facebook（16.1%）

韓国	
1位	KakaoTalk（75.6%）
2位	Facebook（69.3%）
3位	YouTube（58.8%）

ドイツ	
1位	Facebook（64.4%）
2位	WhatsApp（56.0%）
3位	YouTube（47.9%）

インド	
1位	Facebook（92.9%）
2位	WhatsApp（81.2%）
3位	YouTube（78.3%）

オーストラリア	
1位	Facebook（75.3%）
2位	YouTube（50.6%）
3位	Google＋（25.0%）

出典：総務省『IoT時代における新たなICTへの各国ユーザーの意識の分析等に関する調査研究』（平成28年）及び『みずほ情報総研提供資料（インド及びオーストラリアの調査結果）』
（注）Google＋は2019年にサービス終了

広報目線で運用すれば、効果が増幅する

　大企業では、広報担当、デジタルマーケティング担当、SNS運用担当など、役割が分担されていることが多いでしょう。ですが、人員が多くない企業では役割ごとに担当を配置できないことから、1人で何役もこなさなければなりません。そうした企業では、SNSの運用を「広報」担当者が担っているケースが多いです。そのような場合、**SNSのコンテンツや展開するキャンペーンに「広報視点」を入れると、効果が何倍にも増幅します。**

　広報とは、簡単にいえば文字どおり商品や企業情報を広く報せる仕事。マスメディアやデジタルメディアに商品・企業情報を魅力的に伝えて注目してもらい、さらにニュースなどで大勢の人に向けて報じてもらうことを任務としています。このときに必要になるのが、「広報視点」です。「どのようなネタであればメディアが取り上げてくれるのか？（これを「報道価値」と言います）」を考えて、プレスリリースを作成および発信し、メディアに取り上げてもらいます。

　各メディアには、毎日山のようにプレスリリースが届きます。その中でも、「目を引くタイトル」や「話題になっているキーワード」がタイトルに入っていると、取材申し込みされ、雑誌な

どに掲載されたり、テレビなどで放送されたりします。こうして
テレビなどマスメディアで取り上げてもらうとSNSは盛り上が
り、いわゆるバイラル（クチコミによる情報拡散のこと）を起こ
します。

　**日々ネタを探しているメディア側は、昨今SNSにも積極的に
目を向けてリサーチしています。**もし面白い商品や興味深いサー
ビスの情報を目にしたら、それを記事やテレビで取り上げてくれ
ることもあります。

　このようにSNS運用担当者は、冒頭で説明したような広報目
線を持つことが大切です。コンシューマーに情報を届けるととも
に、メディアにも情報を届ける。SNS マーケティングを行うの
であれば、この同時併行を考えて実践しましょう。

SNSを利用したメディアへの情報提供

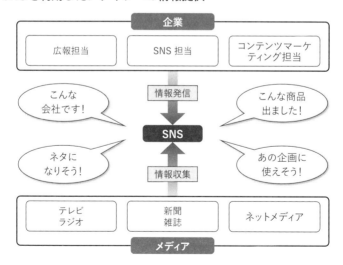

これだけは覚えておきたい
SNSマーケティング用語集

投稿に関する用語

・**アカウント**
SNSを使用するための権利で、いわば個人情報が登録される会員証のようなもの。アカウントの所有者のことを指す場合もある（例：「このアカウントをフォローしよう」など）。

・**カルーセル**
複数の画像や動画を表示できるSNSの投稿形式。

・**タイムライン**
TwitterやLINEなどで使われる用語。時系列などで自分や他人の投稿が表示されているページのことを指す。

・**トンマナ**
トーン＆マナーの略。デザインや色、文章などの表現する際の方針やルールのこと。トンマナを揃えると、統一感が出て美しいだけでなく、ユーザーに「あの企業の投稿だな」と認識してもらえる。

・**ハッシュタグ**
投稿内に付けるハッシュタグ記号（#）のこと。ハッシュタグを投稿に付けると、同じ内容に関心のあるユーザーに発見されやすくなる。

・**フィード**
FacebookやInstagramでいうホーム画面、Twitterでいうタイムラインに流れる投稿形式。

・**メンション**
各SNSの投稿に、@（ユーザー名）を表記すること。

広告・分析に関する用語

・**インプレッション**
広告が表示される回数。

・**エンゲージメント**
いいね、クリック、コメント、シェアなど、ユーザーからどれだけ反応があったのかを表す指標。

・**オーガニック**
「オーガニックリーチ」といった形で使用する。オーガニックリーチとは、有料広告に頼らず、自然と広まったリーチであることを表す。

・**クリック数**
広告がクリックされた数のこと。

・**クリック率（CTR）**
クリック数をインプレッション数で割ったもの。成果を表すためのひとつの指標。

・**コンバージョン（CV）**
商品購入数や会員登録数など、最終的な成果として使われている指標。

・**ソーシャルリスニング**
SNS上に投稿されたユーザーの意見を分析し、マーケティング戦略に活かすこと。

・**ペイド**
オーガニックと逆で、有料広告のこと。「ペイドリーチ」といえば有料広告でのリーチを表わす。

・**リーチ**
広告が表示されたユーザー数。インプレッションと違い、同一人物に表示された場合は1回以上カウントされない（ただし、例外あり）。

第2章

やるべきことがわかる
運用開始術

目的・目標・ターゲットで、方向性を固める

　SNSマーケティングの実行、そして効果的に運用をしていくには、3つのポイントを事前に決めることが必要です。その3つとは、①**目的**、②**目標**、③**ターゲット**。これらを決めずにSNSの運用を始めることは、話す議題が決まっていないのに会議を始めてしまうようなものです。この3つについて、解説します。

　①何のためにやるか「目的」を決める

　SNSマーケティングの目的を明確にしておかなければ、そもそもどのSNSを始めるかも決められません。目的を決めないと、ただSNSに投稿するだけで自己満足し、何のためにやっているのか聞かれても答えられない状態に陥ってしまいます。SNSマーケティングでできることを前提として、**得たいものや到達したい状態を具体的にイメージしておく**ことが必要です。

　②どんな成果をあげたいか「目標」を決める

　SNSを運用するには「どのような成果をあげていきたいか」という目標が必要です。それを可視化するために活用したいのが、**KGI（重要目標達成指標）**と**KPI（重要業績評価指標）**です（46ページ参照）。この2つを指標として決めておくことで、SNSの

使い方が正しいかどうかを、その都度判断できます。

③誰に向けて発信するか「ターゲット」を決める

SNSは不特定多数の人に向けて情報発信できるツールです。誰に対して発信するか、ユーザー像は事前に決めておきます。マーケティングでのユーザー像を「**ペルソナ**」といいますが、要するにサービスや商品を提供したいターゲットのことです。年代・性別・地域・キーワードなど、ターゲットが定まっていないと発信する内容を最適化できません。

事前に決める3つの要素

① なぜSNSを始めるのか？（目的）

「ブランドイメージを向上させたい」
と目的が定まれば、そこを基準に
SNSをどう活用すべきか方針が決まる。

② 目指すべきゴールはどこか？（目標）

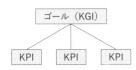

目的達成のためのKGIとKPIを決める。その1つとして「好感度を上げたい」と設定すれば、どうしたら好感度が上がったと判断できるのか、どのように上げていくかが決まってくる。

③ 誰に伝えたいのか？（ターゲット）

年代・性別・地域・キーワードからターゲットを決める
例）30代〜40代
　　既婚未婚問わず男性
　　職業　サラリーマン
　　趣味　海外旅行

ビジネスアカウントにすれば、インサイトや広告閲覧が可能

　FacebookとInstagramではビジネス用のアカウントを開設できます。一般ユーザーが利用する個人アカウントとビジネスアカウント（Instagramではプロアカウント）では、使える機能が異なります。

　ビジネスアカウントと個人アカウントの大きな違いは、「インサイト」と「広告」機能の有無です。インサイトとはアクセス数やリアクションの数、ファン（ビジネスページに「いいね」してくれた友だち）やフォロワーの年代・性別など、自社アカウントに関するデータが閲覧できる機能のことです。リアクションやユーザーのデータは、貴重なマーケティングデータとなります。

　また、広告配信もビジネスアカウントにしかできません。たとえば、各投稿の宣伝をしたり、自社ホームページへの誘導を目的とした広告を配信できるのは、ビジネスアカウントのみの機能です。多種多様な企業がSNSを運用している現在、広告運用は企業SNS運用者としては必ず押さえておきたいポイントです。

　また、操作しているうちに自動的にビジネスアカウントになっている場合も多々あります。自社のFacebookやInstagramアカウントはどうなっているのか知りたい場合は、「インサイト」が見られるかどうか、「広告」が配信可能かどうかで見分けられます。

個人アカウントとビジネスアカウントの機能の違い

Facebook

	個人アカウント	ビジネスアカウント
登録	実名	会社名、サービス名、商品名も可
友だち申請	5,000人まで可	不可
公開範囲	Facebook登録者のみ	登録者以外も閲覧可
個人へのリアクション	「いいね！」、コメント共に可	コメントに対する返信は可
広告配信機能	なし	あり
インサイト機能	なし	あり
予約投稿機能	なし	あり
管理者	1人	複数人可

Instagram

	個人アカウント*	プロアカウント
非公開アカウントの利用	可	不可
メールアドレスの登録	可	可
電話番号の登録	可	可
広告配信機能	なし	あり
インサイト機能	なし	あり
予約投稿機能	なし	あり（クリエイタースタジオを利用）

＊個人アカウントでも、プロアカウントに切り替えられる場合はプロアカウントを参照

自社の事業を見つめ直し、運用目的を明確にする

　SNSを始めるのであれば、必ず最初に決めておきたいのが「目的」です。ありがちな失敗として、競合他社がみんなやっているし、世の中で流行っているから我が社もSNSを始めておくか……と何となくアカウントだけ作成するケースがあります。すると、何のためにSNSをやるのか、どんな体制で運用していくかを決めていなかったために、結果的に続かず、更新されない幽霊アカウントになってしまう……なんていう例を多く見かけます。

　SNSを始める前に、SNSを利用して何をしたいのか、大まかでもいいので決めることが大事です。たとえば、**「企業の認知度を上げたい」「企業サイトのアクセス数を上げたい」「商品やサービスをPRしたい」「集客したい」**など、**SNSの特性を活かした目的を考えます。**柱となるべき目的が決まると、「具体的にどんな数字を目指すか」「じゃあそのために何をするべきか」といった次のステージも見えてきます。

　目的を決めるとき、「これもあれも伸ばしたい！」と思う気持ちはわかります。ですが、現状のSNSの仕組みを鑑みると、どの目的が一番重要か優先順位をつけることが求められます。「フォロワー数も、SNS内の動画再生数も増やしたい！」と思っ

ても、SNSの構造上、最も伸ばしたい項目ひとつにしか広告は利用できません。また、目的さえ決められれば、幽霊アカウントも復活できるような施策を立てることができます。そのためには、事業内容やターゲット層など、自社のビジネスをよく見つめ直すことが必要なのです。

目的設定のプロセス

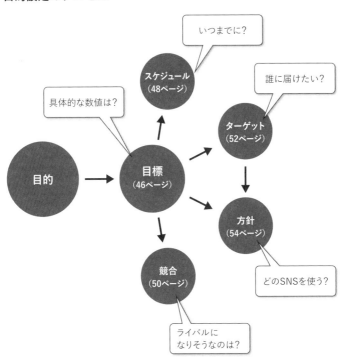

KGIとKPIを決めると、具体的な効果が測定できる

　SNSを成功させるには、まず「ブランドの認知向上」など目標を決めることが重要です。そして目標に到達するには、目標の効果を測る指標「KGI（重要目標達成指標）」と「KPI（重要業績評価指標）」を設定する必要があります。

　「**KGI**」はKey Goal Indicatorの略であり、「**最終目標**」を評価するための指標です。たとえば「認知度の向上」「ブランド好意度の向上」「購入意欲の向上」などのことです。KGIを設定するには、現状を把握することから始めます。現在の認知度やファン数などを明らかにしたうえで、「フォロワー数を100から10,000まで伸ばす」など目標を見える化させます。

　「**KPI**」はKey Performance Indicatorの略であり、「**SNS運用での現状の成績や達成度を知るための値**」を表します。目標達成度合いや、計画の進捗度合いなどを評価するので「**中間目標**」と考えるとわかりやすいです。KPIを設定するコツは、具体的な数値にすることです。たとえば運用開始から1年後に「認知度を20%」、2年後には「35%」と運用開始時にKPIを定め、一定期間で進捗度を評価していきます。

　SNSマーケティングを成功させるには、この2つの指標を具体

的な数値で設定することが大切です。SNSの目標が明確になれば、プロセスごとに達成度を実感できますし、担当者以外にもSNSマーケティングの効果がより伝わります。

SNSを始める目的から目標を立て、具体的な目標数値を設定する

① SNSを始めた目的から、 最終目標（KGI）を設定する

認知度を向上させたい！
該当しやすいアカウント
・新規ブランドで、まだ固定ファンがついていない
・SNSアカウントを立ち上げたばかり

アクセス数を増やしたい！
該当しやすいアカウント
・HPにある資料のダウンロード数を増やしたい
・自社アプリのダウンロード数を増やしたい

UGC*を増やしたい！
該当しやすいアカウント
・固定ファンとの交流を増やしたい
・一般ユーザーに身近な存在として知られたい

実店舗に来店するきっかけに！
該当するアカウント
・実店舗の来店数を増やしたい
・実店舗の売上を伸ばしたい

② KGIを達成するための 中間目標（KPI）を設定する

KPIにおすすめ
・**ファン数増加**
・**コメント数増加**
・**リーチ数増加**
・**インプレッション数*増加**

KPIにおすすめ
・**クリック数増加**
・**アプリダウンロード数増加**

KPIにおすすめ
・**ハッシュタグを含んだ投稿 数増加**
・**エンゲージメント率増加**

KPIにおすすめ
・**クーポン利用率**

*UGC：一般ユーザーが作成したコンテンツのこと。
*インプレッション数：広告が表示される回数。

事例：新規ブランドがKGIとKPIを設定する場合

現状を分析・把握した結果からKGIを設定する
新規ブランドなのでまだブランド自体が知られていない
→多くの人に知ってもらいたいので、KGIは「認知度向上」に決定

SNS担当者

KGIをもとに、KPIを設定する
KGIは「認知度向上」
→KPIは「半年でファン数を3,000に増加」「1年でファン数を 10,000に増加」に決定
→それぞれ半年、1年後に効果測定する

期限と内容を決めれば、
必要な行動や数字が見える

　SNSを運用する目標や効果を測る指標KPIとKGIを決めたら、次は「**いつまでに**」「**どうやって**」達成するかを具体的に決めていきます。

　たとえば、最終目標であるKGIを「1年でフォロワー数を現状から20%増加」と設定し、そこから逆算して「3ヵ月後に3%」「半年後に7%」というように中期的な計画（KPI）を立てたとします。この中長期計画を決めたら、今度はKGIおよびKPI達成実現のために必要な、短期計画を立てていきます。「毎月30本を投稿する」「1ヵ月おきにキャンペーンを実施する」などのように、1週間ごとや1ヵ月ごとに具体的に実施すべきアクションや達成したい数字を決めていきます。この**短期計画を立てると、投稿する頻度や1ヵ月ごとの目標数字などが把握できるようになるため、やっと本格的にSNS運用を開始できる段階になる**のです。

　もちろんいざ運用を始めても、すべてが計画どおりにいくとはかぎりません。そうしたときは、なぜ目標に到達できなかったのか、原因をつきとめることも重要です。投稿数が足りなかったのか、投稿の内容がよくなかったのか、そもそも計画自体に無理があったのか……。可能なかぎり運用状況を分析し、仮説を立て、

改善策を考えて運用を続けてみましょう。

　また、順調に目標を達成している場合でも、達成状況を確認しながら計画を見直すことが必要です。たとえば、当初の計画よりもずっと早く最終目標に到達しそうな場合は、目標数値を引き上げたほうがよいでしょう。

「1年でフォロワー数を現状から20%増加」を目標とする場合のスケジュール例

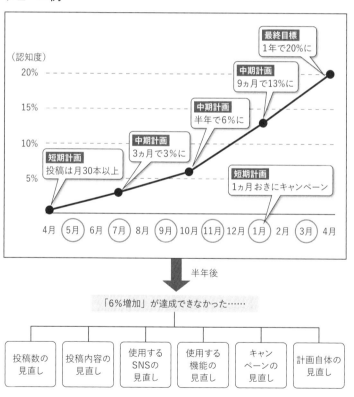

競合他社を分析し、
自社の独自性を考える

　SNS運用の目的や目標が決まったら、競合他社のアカウント
をチェックします。

　**フォロワー数はどれくらいか、コンテンツは週にいくつ投稿し
ているのか、どのようなテキストや画像を投稿し、ユーザーから
どのような反応があるのかなど、複数の競合他社のアカウントを
比較、分析しましょう。**良い点、もっと改善できる点、リスクな
ど、さまざまな点で参考になります。

　そして大切なのは**「自社の独自性」、競合他社との「差別化ポ
イント」をどこに作るかを考える**ことです。ただ真似をするだけ
では、自社のファンになってもらうことはできません。自社なら
ではの特徴を作り、もっと見たい、もっと知りたいと思ってもら
えるようなアカウントに育てましょう。

　また、競合他社を分析した結果は、KPIの指標にもなります。
ベンチマークを決め、まずはこのアカウントより多いファン・
フォロワーの獲得を目指すと決めてもいいですし、複数アカウン
トの平均値を算出し、指標にするという考え方もあります。

　競合だけではなく、まったくの異業種の中で注目されているア
カウント、話題となっているアカウントも参考になります。いろ

いろなアカウントを参考に、自社に適したやり方、自社のユーザーにマッチするコンテンツを模索していきましょう。

競合アカウントから見るべきポイント

（注）ここではカーツメディアワークス独自のエンゲージメント率を定義しています。

＊エンゲージメント：いいね、クリック、コメント、シェアなど、ユーザーからどれだけ反応があったのかを表す指標。

ターゲットを定めれば、最適なアプローチがわかる

SNSを運用する際、**競合他社のアカウントと同じぐらい大切なのが、自分たちのアカウントのメインターゲット層を定めること**です。

メインターゲット層とは、主にそのSNSを通して一番商品やサービスを届けたい人たちの傾向を指します。このメインターゲット層の人たちを想定するなら、少なくとも、**①年代、②性別、③趣味・嗜好の3つの情報は欲しい**ところです。たとえば、「①20〜30代の②女性で、③メイクに関心のある人」といった具合です。利用者層が幅広く、どの層をメインとすべきかわからない場合は、①②③のどれか1つだけでもいいので、イメージしてみてください。

メインターゲット層に見てもらえるSNSを運用するためには、「その層に合ったSNSを選択すること」と、「その層の心に刺さるような投稿を継続すること」が必要です。

それぞれのSNSは、アクティブユーザーの年代・男女層に差があります。それだけでなく、趣味嗜好によってSNSの利用率はかなり変わってきます。競合他社のアカウントやメインターゲット層に近いアカウントが多いSNSはどれなのか、よく研究

してから使用するSNSを決定しましょう。

　さらに、**具体的な人物像を描けると効果的**です。これは第2章の冒頭でも説明した、ターゲットとなるユーザー像の「**ペルソナ**」**の設定**となります。仕事や趣味、家族構成、年収、価値観、ライフスタイルまで掘り下げたペルソナが想定できれば、利用すべきSNSやアプローチの仕方がより明確になります。

　どのような層に情報を届けたいのか。その層は現在どのSNSにいるのか。いざ投稿を始める前に、これらを正しく見極めることが大切です。

ペルソナの一例

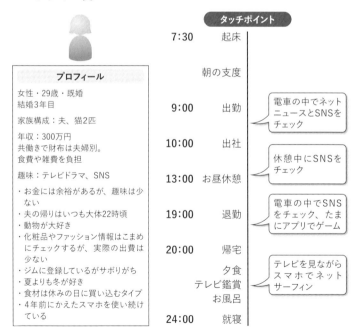

プロフィール

女性・29歳・既婚
結婚3年目

家族構成：夫、猫2匹

年収：300万円
共働きで財布は夫婦別。
食費や雑費を負担

趣味：テレビドラマ、SNS

・お金には余裕があるが、趣味は少ない
・夫の帰りはいつも大体22時頃
・動物が大好き
・化粧品やファッション情報はこまめにチェックするが、実際の出費は少ない
・ジムに登録しているがサボりがち
・夏よりも冬が好き
・食材は休みの日に買い込むタイプ
・4年前にかえたスマホを使い続けている

タッチポイント

7:30　起床

　　　　朝の支度

9:00　出勤　　電車の中でネットニュースとSNSをチェック

10:00　出社

13:00　お昼休憩　休憩中にSNSをチェック

19:00　退勤　　電車の中でSNSをチェック、たまにアプリでゲーム

20:00　帰宅
　　　　夕食　　テレビを見ながらスマホでネットサーフィン
　　　テレビ鑑賞
　　　　お風呂

24:00　就寝

目標やターゲットから、使用するSNSを決める

　一口にSNSと言っても、それぞれに個性があり、利用しているメインユーザー層も違います。目標を達成するためにはどのSNSが最適なのか、情報を届けたいターゲットはどのSNSに集まっているのかなど、目的、目標、ターゲットに合わせて利用するSNSを決めましょう。

　・Twitter…トレンドに敏感で拡散力が高い
　・Facebook…実名制のためリアルなつながりが強く信頼感
　　　　　　　を得やすい
　・Instagram…写真がメインで若い女性ユーザーが多い

　かなり大まかではありますが、3大SNSの特徴をまとめると以上のようになります。目標やターゲットが定まっていれば、自ずと使用すべきSNSが決まります。
　複数のSNSを利用する場合は、発信する情報やターゲットによってSNSを使い分けることもできます。
　たとえば、株主向けに企業情報を発信するのはFacebook、サービスユーザー向けに高校生の間で話題にしてほしい情報は

TwitterやInstagramで発信するなど、それぞれの特性を活かすことができます。また、連携すると利用できるようになる機能もありますし、商品・サービスによっては「テキストで説明したい！」「写真で魅せたい！」となることもあるでしょう。ただし、そうした場合でもそれぞれのSNSに持たせる役割をきちんと設定しておくことが大切です。

3大SNSの特徴

	Twitter	Facebook	Instagram
利用率	37.3%	32.8%	35.5%
ユーザー層	10代〜40代が中心	20代〜50代が多く10代が少ない	10代〜30代の女性が中心
コンテンツのメイン	テキスト	テキストと写真	写真
情報の拡散力	◎	○	△
ハッシュタグ	1〜3個が多い	他の2つに比べ根づいていない	複数付けが基本（最大30個）
登録名	自由	実名	自由
シェア機能	リツイート	シェアボタン	機能はあるがあまり根づいていない
位置情報	追加可能	追加可能	追加可能
フィード（タイムライン）*の優先表示	時系列アルゴリズム	アルゴリズム	アルゴリズム
ユーザー同士のつながり	面識がない人も多数	実際の友人や知人が中心	面識がない人も多数

＊フィード（タイムライン）：フィードとタイムラインはともに投稿された記事が表示された場所のこと。FacebookとInstagramではフィードと呼び、Twitterではタイムラインと呼ぶ。
利用率の出典：総務省情報通信制作研究所『平成30年度情報通信メディアの利用時間と情報行動に関する調査報告書』

ツイートがバズれば、爆発的に拡散する

　国内での主要なSNSのひとつに数えられるTwitter。**マーケティング目線で注目すべきTwitterの大きな特徴とは、独自の投稿共有機能「リツイート」による爆発的な拡散力です。**Twitterユーザーは、自分が気になったツイートを見つけた場合、ボタンひとつで簡単に自分のフォロワーに拡散できます。

　通常のSNSの投稿コンテンツは、フォロワーの多い人の投稿しか、多くの人に届きません。もちろんTwitterも例外ではなく、フォロワーが多い人の投稿のほうが、より多くの人に見てもらえます。ですがTwitterでは、たとえフォロワーが少ないアカウントAが投稿したツイートでも、フォロワーが5万人いるアカウントBがリツイートした場合、Bのフォロワー5万人にその投稿が拡散されることになります。さらにそのフォロワーがフォロワーに拡散すれば、さらに多くの人の目にとまります。ここまで拡散性のある機能は、Instagramでは公式には用意されていません。また、Facebookの類似機能であるシェアは実名制ということもあり、リツイートほどの影響力はありません。この拡散力によって、今まで多くの企業や商品がTwitter内で注目され、売り上げが突然アップするなどの効果を実感しています。

　そこまで拡散されるツイート（バズツイート）は、どうしたら作り出すことができるのでしょうか。

　たとえば商品やサービスを使った実用的で役立つツイートを考える、ユーザーが投稿しやすいようにオリジナルのハッシュタグを考え、投稿してくれた人にプレゼントを用意するキャンペーンを計画するなどの方法があります。ですが、**最も効果があるのはUGC**（20ページ参照）**を増やすこと**です。ユーザーが思わず投稿したくなるためにどんなツイートをすればよいか。そこを追求していくのが、Twitter運用担当者の役割です。

Twitterの特徴

ユーザー数	約4500万人	
男女別利用率	男性：37.5%	女性：37%
メイン層	10代〜40代	
コンテンツ	テキスト　画像　リンク　動画　ライブ配信	
アカウント名	匿名も可	
ハッシュタグ	1〜3個が多い	
特徴	・テキストは140文字以内 ・トレンドに敏感 ・投稿が流れやすい ・拡散力が強く拡散範囲に制限がない ・その分炎上の可能性も高め ・見知らぬユーザー同士がつながるケースが多い	

出典：総務省情報通信制作研究所『平成30年度情報通信メディアの利用時間と情報行動に関する調査報告書』を元に作成

ターゲティング精度が高いと、安定感のある運用できる

　Facebookは世界最大のSNSとして知られ、日本でもおよそ2600万人（2019年時点）のアクティブユーザーを抱えています。40代〜60代のアクティブユーザーが多く、特に60代の利用者は3大SNSの中で最多です。ビジネスパーソンのコミュニケーションツールとしても頻繁に利用されており、まさに「大人のSNS」と言うことができます。

　そして**Facebookは3大SNSの中では唯一、実名で登録するルールがあります。そのため、多数あるSNSの中ではユーザーの登録情報がかなり正確です。**年代や性別、趣味嗜好のターゲティングの精度が圧倒的に高く、インサイト機能も充実しています。今後広告を出稿して運用していくことも考えているのであれば、まずはFacebookに登録することです。

　ビジネスでFacebookを利用する場合は、ビジネスアカウントとして開設することになります。文章、写真、動画の投稿はもちろん、複数の写真を投稿できるアルバム機能や、イベントページの作成、ライブ動画の配信などさまざまなコンテンツを利用できます。

　ビジネスアカウントによるFacebook上の投稿は、Twitterや

Instagramでの投稿に比べると、公式サイトのような信頼感や安心感が得られやすいことに特徴があります。40代以上の年齢層がターゲットに加わっている場合や、企業の公式SNSとして安定感のある投稿を定期的に行っていきたい場合などは、Facebookの運用から始めてみるのがいいでしょう。

Facebookの特徴

ユーザー数	約2600万人	
男女別利用率	男性：32.8%	女性：32.8%
メイン層	20代〜50代	
コンテンツ	テキスト　画像　リンク　動画　ストーリーズ*　カルーセル*　ライブ配信	
アカウント名	実名	
ハッシュタグ	TwitterとInstagramほどは根づいていない	
特徴	・実名での登録が基本 ・ビジネスパーソンのコミュニケーションツールとしても利用される ・フォーマルな印象 ・豊富なコンテンツ ・広告アカウントを作成できる ・個人アカウントでの商用利用は禁止 ・世界で最も利用者数の多いSNS	

出典：総務省情報通信制作研究所『平成30年度情報通信メディアの利用時間と情報行動に関する調査報告書』を元に作成
＊ストーリーズ：24時間で投稿が消える機能。
＊カルーセル：複数の画像や動画を表示できるSNSの投稿形式。

女性ユーザーの多さから、効果的な運用ができる

Instagramといえば「インスタ映え」という言葉も広く知られているように、色鮮やかで美しい写真や動画の投稿が多いことが特徴です。**またどの年代も女性の利用率が高く、特に10代〜30代の女性は40%以上がInstagramを利用しています。**

そのため、メイクやスキンケアアイテム、トレンドのドリンクやデザート、アパレルなど、**流行に敏感な女性が押さえておきたくなるような商品やサービスを提供している企業には、Instagramが適しています。**

またInstagramの利用者のうち、83%が新しい商品やサービスを発見するために使い、80%が実際に商品を購入する際の参考にしているという報告もあります。**ユーザーへの影響力の大きさという意味では、数あるSNSの中でも随一**だといえます。

自社で女性に人気のありそうなかわいい商品・サービスを展開していない、もしくは少ない場合でも、工夫次第で大人気のアカウントになった事例はいくつもあります。

たとえば企業のマスコットキャラクターをメインに投稿したり、自社商品を意外な使い方で投稿してみたりするなどが挙げられます。最近では、男性客の多い牛丼店の商品をフォトジェニッ

クに撮影した企業の投稿が、「新鮮！」「イメージが変わった！」
と受け入れられる、といった事例も出てきています。
　その他、24時間限定のストーリーズやそれを保存できるハイラ
イト、ハッシュタグのフォロー、ライブ配信など、人気の機能の
使い方次第によっては新規フォロワーがつく可能性もあります。

Instagram の特徴

ユーザー数	約3300万人	
男女別利用率	男性：28.4%	女性：42.8%
メイン層	10代〜40代	
コンテンツ	画像　動画　カルーセル　ストーリーズ　ライブ配信	
アカウント名	匿名も可	
ハッシュタグ	10個以上つけることも多い	
特徴	・女性のユーザーが多い ・若いユーザーが多い ・画像や動画といったビジュアルコンテンツがメイン ・独自に発達したハッシュタグ文化 ・投稿のシェアは根づいていない ・ユーザーへの影響力が強い ・ストーリーズをのぞきテキストのみの投稿はできない	

出典：総務省情報通信制作研究所『平成30年度情報通信メディアの利用時間と情報行動に関する調査報告書』を元に作成

メイクやスキンケアアイテム、流行のドリンクや
デザート、アパレルなどを扱う企業に適している！

YouTube と TikTok で、動画の強みを活かす

　近年ではYouTubeやTikTokなど、動画配信をメインとしたサービスが人気を博しています。

　企業がYouTubeをうまく活用すれば、SNSの中でも動画視聴を好むユーザーに深くアプローチできるようになります。たとえばYouTubeに商品の使い方を紹介する動画を投稿すれば、YouTube内で商品名を検索したユーザーにも情報を提供できます。またYouTubeにアップした動画のリンクを他のSNSに載せておけば、他のSNSからYouTubeに誘導することも可能です。

　CMやマニュアル動画、インタビュー動画など魅力的な動画コンテンツを提供できそう、もしくは提供していきたいと考えているのであれば、YouTubeをうまくマーケティングに活用していきましょう。

　動画共有・配信サービスとしては、TikTokも若者を中心に人気です。アメリカの調査会社Sensor Towerの調査によると、2018年第一四半期におけるApp Storeのアプリダウンロード数で世界ナンバーワンがTikTokです。

　TikTokでは、音楽に合わせて踊る、口パクをするなどの投稿が中心です。ビジネス用の動画であっても、このTikTok独特の

要素を取り入れることで注目されやすくなります。たとえば
AbemaTVは、番組にまつわるオリジナルダンスを作りTikTokで
公開しました。単なる番組ダイジェストを流すのではなく、
TikTokの特性に合わせたことで、結果的に視聴率160%アップを
達成しました。

　企業がTikTokで認知度を上げたい場合、①TikTokのノリと企
業のコンテンツをうまく組み合わせられるか、②それが10代の
ツボにうまく刺さるかがカギとなります。

YouTubeの特徴

ユーザー数	約6200万人
特徴	・利用者数が多い ・利用時間が長い ・外部のサイトやSNSとの連携は弱め ・近年ではYouTuberがブームに

TikTokの特徴

ユーザー数	約950万人
特徴	・中高生に人気 ・音楽に合わせた投稿が多い ・30代以降の利用率は一桁 ・2016年9月にサービス開始したばかりで勢いがある

出典：総務省情報通信政策研究所『平成30年度 情報通信メディアの利用時間と情報行動に関する調査報告書』を元に作成

最多利用者数の利点を活かし、ユーザーとの距離を縮める

　月間およそ8300万人以上が利用しているLINE。SNSにおける国内のユーザー数としてはダントツです。LINEは他のSNSとは異なり、特定の個人とのメールや電話の代わりに使われることがほとんどです。電話に代わるライフラインとしての役目も持ちつつあります。

　2019年春に複数の機能が統合され、現在の**ビジネス用機能は「LINE公式アカウント」に一本化**されました。これに登録すれば、友だち追加したユーザーにメッセージを配信する、タイムラインに配信する、会員証の表示やポイント照会が可能になる、ユーザーからの問い合わせに対してLINEトークと同じようにチャットできるなど、さまざまな機能が利用可能になります。

　利用サービスは無料で使えるフリープランから月額15,000円のスタンダードプランまで3種類が用意されており、プランによって無料で送れるメッセージの数が変わっていきます。LINEの公式サイトによれば、アカウントと友だちになったユーザーの半数近くがクーポン利用やキャンペーン応募などポジティブなアクションを行っています。

　LINEは他のSNSよりも"閉じた"コミュニケーションツール

であるため、一度登録したユーザーに企業のお得な情報が届きやすいのがメリットです。

　たとえばユーザーとのチャット機能を店舗の予約などに利用すれば、ユーザー側の負担も少ないうえ、やりとりが履歴として残るので、日にちや時間を間違えることもありません。ユーザーと1対1でコミュニケーションできるという特性を上手く活用していきましょう。

LINE の特徴

ユーザー数	月間約8300万人	
男女別利用率	男性：79%	女性：85.7%
メイン層	10代から60代まで幅広い	
コンテンツ	テキスト　画像　動画　リンク　ライブ配信	
アカウント名	匿名も可	
ハッシュタグ	タイムラインへの投稿にハッシュタグ可	
特徴	・国内ユーザー数ナンバーワン ・若者から高齢者まで広く普及 ・メールや電話の代わりとして使用されている ・スタンプ文化が根づいている ・SNS上でクーポンや抽選を作成できる ・アカウントが認知されにくい ・店舗向き	

出典：総務省情報通信制作研究所『平成30年度情報通信メディアの利用時間と情報行動に関する調査報告書』を元に作成

社内ルールを共有すれば、運用がよりスムーズになる

最近では、各SNSに利用ガイドラインが定められていることが増えてきました。それ以外にも、社内（SNS運用担当者同士はもちろん、責任者や広報担当など）でのルールやガイドラインは定めておいたほうがよいでしょう。著作権やプライバシー、機密情報に気をつけるといった基本的なことはもちろん、企業のカラーに合わせた決まりごとも必要です。

複数人でSNSを運用する場合は、まず責任者は誰か、担当者は誰かなど各々のポジションを明確にしておきます。たとえば、「プランニング、クオリティ管理、投稿の可否の決定、運用ルールの設定は総合責任者。テキスト制作、写真撮影、デザインはサブ担当者」など、それぞれの役割を決めておきます。

1人で運用するにしても、いつ担当の交代があるかもわかりませんし、休んだときのフォローも必要です。そんなときにもルールやマニュアルがあれば、進行がスムーズです。

また、**炎上例もガイドライン作成の参考になります。**なぜ炎上したかを分析し、その原因となりそうな要素を禁止事項としてルールに盛り込んでおきます。そのうえで、もし炎上してしまった場合の対策も、あらかじめ考えておくとベストです。

絶対にルールに盛り込むべき最注意事項

個人情報

他人の住所や電話番号を勝手に投稿するのは絶対にNG。有名人が来店したといった情報も個人情報にあたる。また、他人が映り込んでいる写真や動画をアップするのも危険。

機密情報

社内で知り得た情報を投稿する際は、機密情報にあたるかどうかの確認を必ず行う。また、社内で撮った写真や動画をアップする場合は、その中に機密情報が映り込んでいないか注意する。

著作権

他人が作成したテキストや画像、音声などの無断転載は基本的に許されない。企業アカウントが他人の投稿をシェアする際は、より慎重に!

投稿内容のモラル

たとえ法に触れるようなものでなくても、悪ふざけが過ぎたテキストや写真の投稿は炎上の原因となる。判断に迷った場合は、責任者複数人で相談する。

複数人で管理する際の役割例

総合責任者

作業内容
・プランニング
・投稿の可否の決定
・クオリティ管理

投稿担当者

作業内容
・プランニング
・他部署とのやりとり
・コメント対応

サブ担当者

作業内容
・テキスト制作
・写真撮影
・デザイン

事前に投稿計画を立てると、安定した運用を続けられる

　運用当初は気合いを入れてたくさん投稿するものの、ネタ切れから段々と投稿頻度が少なくなり……というのはよくある失敗のパターンです。このようなケースを防ぐには、**あらかじめ週に何回、どんな投稿をするかという投稿計画を立てておく**ことです。

　最適な投稿頻度は、企業や立場によって違います。**最も大事なポイントは、コンテンツを「継続的に」配信し続けられるかどうか**。コンテンツの質を守りつつ、枯渇を防ぐためには、どれくらいの頻度で投稿すべきかを考えます。競合アカウントの投稿数やSNSに割ける時間にもよりますが、**最低でも週に３回がひとつの基準**といえます。

　月曜日はブログの記事への誘導、火曜日はメーリングリストの宣伝といったように、曜日ごとにコンテンツテーマを決めてしまうのがおすすめです。「今日は何を投稿しようかな」とイチから考える必要がないうえ、ネタ探しもしやすくなります。

　また、**投稿計画の一部として、コンテンツの「トンマナ」も統一しましょう**。「トンマナ」とはトーン＆マナーの略で、SNSの投稿内容や表現に一貫性を持たせることです。特に複数人で管理する場合は、文体やテンションを統一しておかないと、読者を困

惑させてしまいます。写真や画像に関しても、どんな雰囲気にするかなどを決めておきます。最近では加工アプリも増えているので、使用するものを統一しておくと無難です。特にInstagramなど写真が一覧表示されるSNSでは、加工にバラツキがあると統一感が生まれず、アンバランスな印象を与えます。安定したSNS運用を行うためにも、担当者同士で事前にルールを決めておきましょう。

1週間の投稿スケジュール例

月曜日	ブログの最新記事への誘導
火曜日	メーリングリストの宣伝
水曜日	投稿なし
木曜日	偉人たちの名言
金曜日	過去記事への再誘導
土曜日	関連記事のシェア
日曜日	投稿なし

この例の場合投稿自体は週5回だが、新規コンテンツの制作（ここでは「偉人たちの名言」）は週1回で済む。ムラなく運用するために、無理のない投稿計画を立てる。

最低週に3回は
投稿しよう！

027 アカウント開設用の名前を決める

信頼できるアカウント名は、ユーザーが安心感を覚える

　SNSでアカウントを取得するためには、「名前（アカウント名やユーザーID)」「メールアドレス」「パスワード」の入力が必須となります。

　特に名前はユーザーが真っ先に目にする項目なので、慎重に考えます。有名企業アカウントには認証バッジ（公式マーク）が付いていることもありますが、これは各SNSが独自の判断で認定しているため、自分たちで付けることはできません。そのようなアカウントは、アカウント名や紹介文などに「公式」と入れたり、公式ホームページのリンクを付けたりするなどして、企業アカウントとして信頼感を得られるように工夫します。

　メールアドレスは、登録内容の確認や各種通知を受ける際に使用するので、担当者のアドレスを設定するのが無難。担当者が複数の場合は、共有のメールアドレスを取得します。

　そして**パスワードは、安全性が高く、推測しにくいものにします。**SNSの乗っ取りが度々ニュースになりますが、企業アカウントの場合は個人アカウント以上にセキュリティに気をつけなければなりません。管理の手間は増えますが、SNSごとにパスワードを変え、時間の経過とともに更新していきます。

各SNSのアカウント開設の手順

Twitter

①名前と電話番号またはメールアドレスを入力。名前は企業名や店舗名にしておくとわかりやすい。

②パスワードを決める。複雑で推測されにくいものに。

③プロフィール画像を選ぶ。ロゴや商品の写真、店舗の外観などがおすすめ。

④「自己紹介」の部分は、どのような企業もしくはブランドが、どのようなこと（新商品や役立つ情報など）をつぶやくアカウントなのかを簡潔にまとめる。

Instagram（プロアカウント）

①個人アカウントから「プロフィールを編集」をタップ。

②画面下の「プロアカウントに切り替える」をタップ。

③アカウントタイプやカテゴリを選択したら、メールアドレスや電話番号、住所を公開する。

④Facebookとリンクさせ、切り替え完了。

Facebook

Facebookページを企業として運用する場合は、「ビジネスマネージャ」にアカウントを登録してから新規作成する方法がおすすめ（詳しくは74ページ参照）。

ミスは起こると心得て、不測の事態に備える

　どんな仕事にもつきまとうヒューマンエラー。では、SNSマーケティングで起こるヒューマンエラーには、どんなものがあるでしょうか。

　①小さなミス：誤字・脱字など

　いざ投稿をする前に、必ずテキストや画像を見返すクセをつけましょう。個人アカウントで投稿するつもりが、うっかり企業アカウントで投稿してしまったというケースもあります。

　②中規模のミス：内容の誤りなど

　情報の中身を自分自身が理解できていない場合は、勝手に判断したり見て見ぬふりをしたりせず、必ず責任者に確認を。また、価格や連絡先など誤りやすいうえに重要な情報は、SNS内では取り扱わず、Webサイトに誘導する形で伝えると安心です。

　③大きなミス：機密情報や個人情報の流出など

　「ミス」の一言では済まされない場合も。社内ルールとして断固禁止するだけでなく、画像や動画に他人や重要な書類が映り込んでいないかなどを必ずチェックします。

ヒューマンエラーを防ぐには、複数人でチェックするのが一

番。そのためには普段から担当者同士でコミュニケーションをとり、確認や報告をしやすい環境を整えおくことが欠かせません。**また万全を期したい場合は、チェックシートを作る**のもおすすめです。

　しかし、そうは言ってもミスは起こってしまうもの。**ミスは起こるとの前提のもと、不測の事態に備える姿勢も大切**です。ミスはなかったことにせず、次への教訓として活かします。

ヒューマンエラーを防ぐチェックシート例

☑ 誤字・脱字はないか

☑ 不適切な言葉や表現は使われていないか

☑ 数字などの半角／全角は統一されているか

☑ 画像とテキストの不一致はないか

☑ 画像に想定外の写り込みはないか

☑ 情報に誤りはないか

☑ URLに誤りはないか

☑ 投稿のタイミングは適切か

ヒューマンエラーを防ぐには
その発生原因をよく知ること!

ビジネスマネージャを使えば、運用がよりスムーズになる

　SNSのアカウントを開設したら、運用や管理に役立つ便利なツールも準備しておきましょう。

　はじめに用意したいのが、**Facebookの「ビジネスマネージャ」**です。このツールを利用すれば、**FacebookとInstagramのさまざまな機能やアカウントが一括で管理可能**になります。アカウントごとにログインしなおす手間が必要なくなるので、効率的に運用できます。また、**外部の人間を含めた複数人での利用が可能なうえ、利用者ごとの権限が設定できるので、ヒューマンエラーの防止にもつながります。**

　ビジネスマネージャの開設にはFacebookの個人アカウントなどが必要となりますが、企業の規模を問わず、費用はかかりません。またスマホ、パソコンのどちらからでも利用できるという利便性も嬉しいところです。

　ビジネスマネージャが開設できたら、必要に応じてFacebookページや第5章で解説する広告アカウントを追加していきましょう。

　もし広告アカウントを追加するつもりがない場合でも、ビジネスマネージャに登録することで、仕事用とプライベートアカウン

トを明確に区別できるというメリットがあります。特に複数人で
アカウントを管理する場合は、利用を検討しましょう。

ビジネスマネージャ開設の手順

①ビジネスマネージャのページ（https://business.facebook.com/overview/）か
ら、「アカウントを作成」をクリック。

②必要な項目を入力し「次へ」を
クリック。

③さらに詳細を追加し「送信」を
クリック。

広告マネージャの活用で、複数広告の一元管理ができる

　企業がSNSを運用するにはビジネスマネージャの機能の1つである広告マネージャの利用も必須です。主要SNSであるFacebookとInstagramの両方の広告を作成したり効果を確認したりすることができるので、いまや欠かせないツールとなっています。

　広告マネージャを使うには、Facebookビジネスマネージャでアカウントを作成後、メニューに「広告マネージャ」とあるので、そこにログインすれば使えます。

　広告マネージャが便利なのは、FacebookとInstagramの広告を複数運用するケースでもまとめて確認できることです。多くの広告を運用する以上、情報量が多くなるのは仕方のないことですが、広告マネージャを使えばそれぞれの広告の予算や期間などの重要なデータや設定予算の消化率など毎日確認するべきところを1つずつ確認、管理していけます。また、広告出稿の開始・中止・再開も、左側に設置されているオンオフボタンをクリックするだけなのでシンプルでわかりやすい作りになっています。

　スマホアプリもあり、ビジネスマネージャのアプリ版「ページマネージャ」と一緒にダウンロードすると、スマホでも広告運用できます。

■広告マネージャの見方

　「広告マネージャ」では確認が必要な①キャンペーン、②広告セット、③広告の3点を切り替えて表示して確認できる。最初は名称の違いがわかりづらいが、1つのキャンペーンの中にいくつもの広告セットが作成できて、その広告セットの中に複数の広告が設定できるようになっている、つまり3階層での管理になる。それぞれの確認の仕方は下の図を参照。

①キャンペーンの見方

キャンペーンのタブをクリックすると、作成済みの広告キャンペーンの一覧が表示される。各キャンペーンの広告の配信状況や、全体のリーチやインプレッションなどの成果、消化金額などが確認できる。

②広告セットの見方

広告セットではターゲット層や予算、掲載期間、入札価格などを設定する。ここでも広告セットそれぞれの予算や消化金額、掲載期間などが確認できる。

③広告の見方

広告セットの中にある個別の広告のデータが確認できる。広告はまさに画像や動画、テキストなどのユーザーに触れる素材や、それら広告単体の予算や消化金額、成果などが確認できる。

予約投稿ツールを使うと、希望日時に自動配信できる

　朝晩の通勤の時間帯やランチタイムなど、SNSの投稿をどのタイミングで行うかは重要な問題です。そこでSNS担当者が利用しておくべきなのが、**予約投稿ツール**です。**投稿日時をまとめて設定しておけば、予め設定しておいた日時に自動的にツールが投稿してくれます。**

　各SNSによって、使用する予約投稿ツールが違うのでチェックしておきましょう。

　まずFacebookの場合は、Facebookページ（ビジネスマネージャ）に登録すれば自動で予約投稿ができる機能がついてきます。ただし、個人アカウントでの予約投稿は現状不可です。

　Twitterの場合は、Twitterにアカウントを登録してあれば、どのアカウントでもブラウザ版（パソコン）のTwitter投稿欄から予約ができます。

　Instagramは、クリエイタースタジオに登録することで、予約投稿ができます。また、予約投稿用の外部アプリもよく使用されています。

SNSごとの予約投稿ツール登録方法

Facebookは「ビジネスマネージャ」に登録する

https://business.facebook.com/にアクセスし、上の「アカウントを作成」に必要な情報を入力すれば登録完了。これで登録できない場合、「投稿ツール」を使用する。

Twitterはブラウザから予約投稿可能

Twitterはブラウザ版であれば、どのアカウントでも予約投稿が可能に。また予約済みのツイートは、ツイート投稿画面から予約日時変更や削除もできるように。SNS運用担当者であれば、活用したいところ。

Instagramは「クリエイタースタジオ」に登録する

FacebookのアカウントとInstagramのアカウント（「ビジネス」か「クリエイター」に設定）を準備し、https://facebook.com/creatorstudioにアクセス。アカウントをリンクさせれば登録完了。

---

column　Twitterは外部アプリを使って予約投稿しても手軽

Twitterで予約投稿したい場合は、Twitterアカウントを連携するだけで使えることの多い外部アプリを使用するのもおすすめ。ただし、投稿回数制限や動画の予約投稿不可などの条件付きのものもあるので、自分のアカウントに合ったものを使いましょう。
・Tweetdeck…Twitter社おすすめアプリ。複数のアカウントを登録できる。
・Hootsuite…予約投稿が無制限。他のSNSアカウントを一元管理できる。
・SocialDog…データ分析もお手軽なツール。動画の予約投稿は非対応。
・Buffer…すべて英語。Chromeの拡張機能もあるので、記事のシェア投稿もできる。

032 Twitterによる目標設定「Global PR Wire」のケース

動画×マンガコンテンツで、Web広告なみの効果が出る

TwitterはFacebookやInstagramと比べて不特定多数の人に拡散されやすい反面、すぐに数多くのツイートが更新されるので、埋もれてしまいやすいという課題もあります。そのため、Twitterユーザーの目に留まるようコンテンツを何度も投稿したり、クリエイティブを工夫したりする戦略が必要になります。ここではGlobal PR Wireの事例をもとに、最適なSNS運用方法と、設定した目標やそのプロセスなどを紹介します。

企業情報	「Global PR Wire」 海外向けプレスリリースの配信代行サービス。「海外向けPRは初めて」という企業を中心にサポートしている。所有しているジャーナリストのデータベースをもとに、エリア・ジャンルごとの効果的な配信先を独自にパッケージ化。シンプルな仕組みと、リリースしやすい低価格、わかりやすい料金体系に定評があり、国内最安値を実現。効果的なプレスリリース配信を実施している。
目標設定	すでにリスティング広告（「検索連動型広告」ともいう）でも費用対効果の高い成果を出していたが、さらにサービスへの会員登録者数を増やすため、TwitterによるSNSマーケティングを実施。通常のTwitter運用では認知度アップやファンの増加を狙うことが多く、コンバージョン（獲得成果のことで、ここでは会員登録を指す）の獲得は難しいが、あえてTwitterでも同様の成果を出せるよう挑戦。

80

プロセス	本来は難しいが、今回は試験的実施という側面からリスティング広告と同等の価格でサービスへの会員登録者数が増えるように広告の費用や配信期間を設定。またターゲット層も、より広告が拡散するように、サービスの見込み客（海外PRに興味のある層）の中でフォロワー数の多いユーザーを中心に設定。そして、そのターゲット層がより目につきやすいツイートを検討して作成、配信した。その投稿に広告を行い、しばらく運用してみることに。

成果	思わず目が追ってしまうような動画×マンガを組み合わせたコンテンツを提案。そのコンテンツの配信＆本格的にSNS広告運用を始めてから約2週間で、サービスの登録者数の目標値を達成。Twitterでも、運用次第ではWebのリスティング広告と同等の効果が表れることを証明できた。

KGIを設定することで、
やるべきことが逆算できる

　Facebookは実名登録制である点、40代以上のアクティブユーザーが多い点などから、Twitterよりも安心感を与える投稿内容を作成することを意識しましょう。また「読書」「作家」など特定のワードに興味・関心がある人に広告を配信する設定にもできるため、具体的なターゲットが決まっている場合は、Facebook運用がおすすめです。出版社の筑摩書房の事例をもとに、最適なSNS運用方法と目標を提案したプロセスを紹介していきます。

企業情報	「筑摩書房」 創業80年を超える東京の老舗出版社。創業当時から文学者などの個人全集を多く刊行しており、文学ファンからは「全集の筑摩」と呼ばれている。三鷹市と共同で主催している新人文学賞「太宰治賞」を創設しており、同賞から多くの人気作家を輩出し、多数の文学ファンに愛されている。『思考の整理学』などロングセラーも多い。
要望と提案	2017年まで宣伝費は新聞広告中心だったという同社。「新聞広告を読まない層にも、新刊告知を広めていきたい」との要望から、「SNSを活用して、読者の皆様との新聞広告以外での接点を増やすこと、コアファンを増やすこと」を提案。さらに、読者層が「読書好き」「40代以上が比較的多い」ことから、Facebookページの運用に力を入れる方針を提案した。

通常投稿

10,000いいね！を達成した時の投稿

20,000いいね！を達成した時の投稿

20,000いいね！記念に行った、トートバッグプレゼントキャンペーンの投稿

目標設定	Facebookページのコアファンを増やすため、開設から1年で「10,000いいね！を達成する」ことをKGIに設定。投稿は「毎日2回」行うことをルール化し、少しでも多くのフォロワーの目に留めてもらうことを意識。さらにネット書店のURLを各投稿に載せ、クリック数の計測も実施。月ごとにKPIを割り出し、KGIに対する進捗を報告しながら運用を進めた。
成果	①1年後にKGIである10,000いいね！を達成。 ②投稿に掲載していたネット書店へのクリック数は、月8,000〜10,000を突破するように。 ③さらに1年後、2万人ものフォロワー獲得を達成し、トートバッグプレゼントキャンペーンを開催し、好評を博した。 ④投稿するたびに、本の感想をコメントしてくれるフォロワーも増加。筑摩書房とファンを、SNSコミュニティ内でつなげることができた。

目的別SNS活用で、
エンゲージメントが向上する

　Instagramは画像がメインコンテンツである点、女性ユーザーが多い点から、美容・化粧品・ファッションなどの華やかなイメージを持たれやすい業種との相性がよいことが特徴です。カエタステクノロジー株式会社の事例をもとに、最適なSNS運用方法と目標設定を提案したプロセスを紹介していきます。

企業&PRしたい製品情報	「カエタステクノロジー株式会社」の製品「Hands Å P.P.（ハンズエープロフェッショナルプロテクション）」 普段から肌を酷使している美容師・看護師などプロフェッショナル向けに開発されたハンドクリーム。撥水性油膜で水分の損失を防ぐと同時に、手肌が失った潤いを素早く補い、肌のバリア機能を高めることで、肌荒れを防ぐ。無香料・低刺激性で、敏感肌の方や赤ちゃんでも使えることが特徴。全国の生活雑貨店をはじめ、AmazonなどWebショップで販売中。
要望と提案	もともとSNSを運用していたが、活用しきれていないと感じていた同社。さらに製品のターゲット層である「手荒れに悩む人」に情報を届けてフォロワー（製品のファン）を獲得し、フォロワーに求められるようなSNS運用を行いたいとのこと。そこでInstagramをメインに使用イメージが湧きやすい写真を投稿してフォロワーを獲得しつつ、Facebookは情報を伝えるツールとして活用。目的別にSNSの利用法を明確に分けた。

Instagram投稿
ブランドイメージを壊さない
よう、デザインの統一感も保
ちつつ、インスタ映えも意識。

Facebook投稿
手荒れに悩む職業の人にインタビューも実施。
Facebookはテキスト量が多くても、インタビューコ
ンテンツをしっかり読んでくれる人が多く、リアク
ション率も高い。

目標設定	ユーザーに届けるコンテンツを考慮してInstagramでフォロワーの増加、ファンのコミュニティを作ることを目標に設定。フォロー＆いいね！キャンペーンでフォロワーを増やし、有用性の高いハウツーコンテンツなどをデザイン性にもこだわりながら導入することに。また、Facebookも併用し、そのターゲティングの精度の高さを利用し、手荒れに悩むことの多い美容師、ネイリストなどの人たちに多くの情報を提供することを目標に設定する。

成果	①Instagramのキャンペーンなどで一般的に広く美容に興味のある層を集めることに成功し、半年でフォロワー10,000人達成。②手荒れケア、手荒れ予防などの中身のあるワンポイントハウツーを配信することで、各投稿のエンゲージメントも3倍以上にUP。③商品を知ってほしい美容師など手荒れに悩む職業の人にスポットを当てた投稿を作成したことで、美容師などからのコメントがつくようにもなった。（※企画はイー・クリエイション株式会社との共同提案）

各SNSの
プロフィールのまとめポイント

Twitter

プロフィール：アカウントの説明（文字数上限160文字）
その他の項目で追記：場所、WebサイトのURL（ホームページ）、生年月日
画像：アイコン、ヘッダー
プロフィールをまとめるポイント：文字数が短い。そのため、事業内容、主につぶやく予定のツイート内容など情報を精査する。必要な情報をまとめてツイートし、固定表示にしておくのも有効。

Facebookページ

プロフィール：ページの説明（文字数上限255文字）、ストーリー
その他の項目で追記：営業時間、事業内容、連絡先（メールアドレスなど）、設立日、製品、メニューを追加、ストーリー
画像：プロフィール、カバー
プロフィールをまとめるポイント：Facebookページの「ページ情報」にて入力。記入する項目がたくさんあるので、項目ごとに何を入れるか事前にきちんと決めておく。

Instagram

文字数：150文字
その他の項目で追記：WebサイトのURL（ホームページ）
画像：アイコン
プロフィールをまとめるポイント：こちらもTwitterと同じく上限文字数が短いため、情報を精査すること。使用するハッシュタグも必ず入れておくこと。

第3章

ユーザーの目を引く
コンテンツ作成術

共感・お役立ち・シーズナルが、「いいね」獲得の共通項

　たくさん「いいね」をもらっている投稿、たくさん拡散されている投稿のほとんどは、3つの共通点に当てはまります。

・共感
・お役立ち
・シーズナル（季節感）

　たとえば、「美味しそう」と思った料理の写真、懐かしさを覚えた投稿、思わず笑ってしまったネタをシェアするというのは、このうちの「**共感**」によるものです。**この手の投稿は、いかにユーザーの感情に訴えられるかがカギ。**リアクション率の高い「あるあるネタ」も、この「共感」に含まれます。

　「**お役立ち**」としては、試してみたいと思わせる商品の意外な使い方や、なるほどと思わせるブランドの豆知識があげられます。コンビーフブランドの「ノザキ」は、Twitterにて「＃ノザキのコンビーフの食べ方」というハッシュタグを活用し、UGC（一般のユーザーが作ったコンテンツのこと）を収集し、それを紹介することで人気を得ています。

　そしてクリスマスやバレンタイン、お花見などにまつわる**「シーズナル」**、つまり季節感のある投稿もユーザーに受け入れられやすい傾向にあります。「○○の日」などの記念日も、積極的に投稿に盛り込んでいきましょう。

　SNSを運用していると、どんな投稿を作ればよいか迷うことも多いと思います。そんなときは、企業の商品・サービスの良さに、「共感」「お役立ち」「シーズナル」をうまく組み合わせた投稿を考えてみましょう。コンテンツによっては、他企業では真似できない素晴らしい投稿アイデアが生まれるかもしれません。

要素が増えれば増えるほど、リアクションを得やすくなる

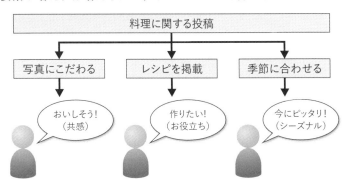

トレンドネタを盛り込むと、拡散の波に乗りやすい

　Twitterには、140文字以内という文字数制限があります。そのため、あれもこれもと要素を盛り込むのはどれも中途半端になりかねないので、優先順位を決めてテキストを作成する必要があります。

　そして**Twitterは、タイムリーな話題に敏感なSNS**です。特に**Twitterを語るうえで欠かせないのが「トレンド」**です。「トレンド」とは、その時間に指定した場所で、どんなワードが含まれたコンテンツが多く投稿されたのかが表示される機能です。**Twitterユーザーは自分のタイムラインのほか、このトレンドをチェックする人が多いため、投稿内容に時事ネタなどを盛り込むと拡散されやすくなります。**

　それでは、どのようなワードがトレンドに入りやすいのかというと、たとえばエイプリルフールなどの記念日に関するワードのほか、話題となっているテレビ番組の放送、ニュースに関連したワードなどです。

　トレンドを知るには、まずTwitter公式で常に表示されているトレンドをこまめに確認することが第一です。「#Twitter大喜利」など、突発的にTwitter内で盛り上がりトレンド入りすることも多いからです。その他、Twitterのトレンドの傾向をつかみたい

場合は、Twitterが用意している「**Twitterモーメントカレンダー**」をチェックするとよいでしょう。

また、トレンドにはハッシュタグがランクインすることも多いです。そのため、**TwitterもInstagramのようにハッシュタグを付けましょう**。ただ、文字数140字以内の中に納めなくてはいけないため、1〜3個ほど効果的なものを厳選します。

Twitterは他のSNSよりも拡散力が高いため、投稿の内容やタイミングによっては、爆発的に拡散する可能性が期待できます。Twitterで受け入れられやすいトレンドを理解し、さまざまなコンテンツを投稿してみましょう。

Twitterモーメントカレンダー

Twitterモーメントカレンダーとは、Twitterで盛り上がりやすい話題やイベントを網羅したカレンダー。Twitter公式が提供しており、多くの企業アカウントがこのカレンダーを参考にして投稿を考えている。
上記のカレンダーは、下記URLから簡単にダウンロードが可能。
https://business.twitter.com/ja/resources/twitter-marketing-calendar.html

機能を駆使すれば、
さらに拡散する

　**アンケート機能を活用すると、Twitter上で簡単なアンケート
を行えます。** マーケティングリサーチのほか、ユーザーとのコ
ミュニケーションを増やしたい場合にも効果が期待できます。

　アンケート機能では2〜4の選択肢が設定可能です。さらに、
投票期間は数時間から7日間まで自由に設定できます。たとえば
神戸新聞は、バレンタインデーを前に義理チョコについてのアン
ケートを行い、多くのアクションを促しました。このように、**ア
ンケート内容にしても季節性のある話題や時事ネタなどを盛り込
んでいけると理想的です。**

　また、**画像・動画付きの配信を頻繁に行う予定であれば、
「Media Studio」を利用できるように準備しておきましょう。**
Media Studioでは、登録すれば複数のアカウントでTwitterコン
テンツを管理・共有できるので、同じ企業内にたくさんアカウン
トがある場合に便利です。ライブラリの画像をクリックすると予
約投稿ができたり、Producer機能を使ってライブ配信ができた
りします。そしてフォロワーが1,000人以上に増えると、曜日や
時間ごとの動画視聴数がわかるインサイト機能も開放され、分析
にも活用できます。

Twitterアンケートを作成する手順

①ツイート画面から枠に囲まれたアイコンをタップ。

②質問内容と回答、投票期間を決める。

③入力が終わったら右上の「ツイートする」をタップ。

④アンケートが投稿される。

Media Studioが使用できるようになる方法

まずTwitterアナリティクス画面を表示し、画面上部の「詳細」から「動画」を表示。

その後Twitterホーム画面に戻りアイコンをクリックすると、Media Studioの項目が出てくるのでクリック。

Media Studioが使用可能。過去に画像や動画を投稿している場合、ライブラリに表示されており、再投稿できるようになっている。

表示を最適化すれば、
常に見やすい投稿ができる

Facebookはパソコンからもスマホからも投稿できますが、その両者では画面の見え方に違いがあります。

同じFacebookの投稿でも、スマホはパソコンよりも表示される文章がとても短いです。ある同じ投稿で文字数を確認したところ、パソコンの場合は1行約34文字、スマホの場合は1行約21文字となりました（機器や機種によって違う場合があります）。改行は4〜5回まで、その下には「もっと見る」という表示が出て、それを押さないと続きが見られないようになっています。ですので、**最も注目してもらいたい内容は最初の1〜2行目におさまるように、文章を工夫しましょう。**

画像については、長辺が720、960、2048ピクセルのものが推奨されています。あまりに横長の画像だと、縦長のスマホの画面上では小さく表示されてしまうこともあります。基本的には**フィードやストーリーズなど投稿の配信先に合わせて比率を調整するべきですが、正方形にリサイズすればInstagramにも投稿できるので汎用性が高いです。**

パソコンとスマホ、両方での表示を確認することを厭わずに行うことで、より多くのユーザーの目に留まりやすくなります。

　また、最近では画像のサイズ調整用のアプリやツールがたくさん出ていますので、使いやすいものを選ぶのが最も簡単でしょう。特にCanvaなど、投稿したいSNSに合わせて自動で最適なサイズに調整してくれるツールが便利です。

テキストの見え方の違い

画像の見え方の違い

スマートフォンで表示する場合の推奨サイズ
628×628px

パソコンで表示する場合の推奨サイズ
470×394px

安心感のある投稿は、ユーザーの目に留まりやすい

　Facebookでマーケティングを行うのであれば、キーワードとなるのは「信頼感」や「安心感」です。そのため、企業アカウントの投稿を見てみると、スタッフ紹介や生産者紹介、商品の製造工程の紹介など、信頼感アップにつながりそうな投稿をしているケースが多く見られます。

　たとえばFacebookで約28万人にフォローされている「土屋鞄製作所」もそんなアカウントのひとつです。同社では、Facebookをファンとのコミュニケーションツールとして位置づけ、鞄の製造工程や職人紹介、商品とは関係のない風景写真などを含めて週に3回ほど投稿をしています。もちろん商品紹介も行っていますが、落ち着いた文体がとても心地よく、Facebookのフォーマルさに非常にマッチした印象を受けます。

　デフォルト*の状態のFacebookでは、複雑なアルゴリズムのもとにニュースフィードが表示されます。Facebookにはユーザーに最も有益な情報を届けるという方針があり、たとえば特定のユーザーからの「いいね！」やコメントが少ない状態が続くと、そのユーザーのニュースフィードに表示される優先順位が下落し、なかなか目にしてもらえなくなってしまいます。

　アルゴリズムや「いいね！」などのアクション数を気にしつ
つ、ファンにポジティブなアクションを促し続けられるような運
用を心がけましょう。

Facebookのアルゴリズムを左右する主な要素

ユーザーが求める 情報かどうか	たとえば「いいね！」やコメント、シェアが行われると評価が高くなる。しかし中には不幸なニュースなど、アクションを控えたくなる投稿も。そんな場合でもページの滞在時間やクリック数などを計測し、ユーザーの関心度を判断している。ここでの評価を上げるためには、投稿のタイミングも重要になる。
友人や家族の投稿	企業やメディア発信のパブリックコンテンツよりも、家族や友人からの投稿が優先的に扱われる。その中でもユーザーにとって有益なもの、エンターテイメント性のあるものを特に重視するとしている。
アイデアにつながる プラットフォーム	誰もが知るニュースよりも、そのユーザーならではのアイデアを生み出すヒントになるようなコンテンツが優先される。

（出典：Facebook Newsroom　https://about.fb.com/news/2019/03/why-am-i-seeing-this/）

＊デフォルト：初期の動作環境のこと。

写真の美しさ＋一工夫で、ユーザーの購買意欲が上がる

　「インスタ映え」が2017年に流行語大賞に選ばれたように、Instagramではこれまで、とにかく美しい写真を投稿するのが主流でした。しかし、近年は投稿コンテンツの傾向が変わりつつあります。

　昨今のInstagramでは、従来の美しい写真に加え、詳しい情報が伝わるコンテンツが注目を浴びています。たとえば美容・メイクアカウントでは、メイクアイテムの写真に商品情報や試した感想などをかなり詳細に記載したコンテンツを提供しているパターンが増えています。また、お気に入りの商品を並べてそれぞれコメント付きで投稿するなど、**まるで雑誌の1コーナーのように読み応えのある投稿**も多くなっています。育児や恋愛など、自分の近況をマンガにして投稿する、いわゆる**マンガインフルエンサーも目立ちます。**

　近年Instagramから商品やサービスを検索するユーザーが増えているため、「より詳しく商品やサービスについて知りたい」と考えるユーザー層が増えてきたのが理由かもしれません。コンテンツの見映えはもちろんですが、本当にユーザーが知りたい情報は何かを見極め、盛り込んでみてください。

　ただし、どんなコンテンツを投稿する場合でも、サイズは調べ

ておきましょう。おすすめは、最大1080×1080ピクセルの正方形。1：1の比率が、Instagramの仕様上最も適切です。適切なアスペクト比は、1.91：1〜4:5（幅1080×高さ566〜1350ピクセル）で、この比較であれば元の解像度は保持されます。

　動画を通常投稿する場合でも、この比率に対応しています。なお、動画のファイルサイズは4GBまで、長さは3〜60秒の範囲で投稿することができます。

　InstagramをはじめSNSのトレンドは変わりやすいものです。他のユーザーの投稿もチェックして、トレンドに合わせたコンテンツ作成にも常に挑戦していきましょう。

Instagramコンテンツの作成例

グリッド投稿（分割投稿）

1枚の画像を分割して複数枚に分けて投稿する、Instagram投稿コンテンツの手法のひとつ。プロフィールの下に並ぶギャラリー（過去最新投稿9枚のこと）の見映えが良い点や、1枚だけだとどんな画像かわからず、ユーザーがついプロフィールを検索したくなる点などがメリット。画像の分割はInstagram公式アプリとは別のグリッド投稿専用アプリをダウンロードする必要がある。

ついスワイプしたくなる複数枚投稿

Instagramでは、最大10枚の画像が投稿可能。その場合、ユーザーにスワイプ（指を滑らせて2枚目以降の画像を見る動作）してもらえる工夫をするとベスト。たとえば1枚目にその投稿のテーマタイトル、2枚目以降にマンガや動画を置くパターンが多い。この場合、1枚目がギャラリーでよく見られることになるため、タイトルフォントやイメージカラーなどで統一感を出す必要がある。

ストーリーズの活用で、特別な告知も可能になる

　24時間で投稿が消えるストーリーズ機能。一般的にはストーリーと呼ばれています。最近はストーリーズのみを活用するユーザーも存在するほど、Instagramでは欠かせない機能です。

　たとえば、この「消える」という特徴を活かし、「今週の新作アイテムカレンダー」をストーリーズ投稿してもよいでしょう。**ストーリーズ機能はこのような時期を限定した告知やイベント告知などと相性がよいといえます**。また、フィード投稿から「ストーリーズに追加」を選べば、フィード投稿を載せたストーリーズを配信することができます。

　さらにストーリーズ機能は**クーポンの配布も可能**です。多くのユーザーは「限定」という言葉に特別感を感じるため、この24時間限定クーポンにも効果が期待できます。

　投稿したストーリーズは、ハイライト機能を使うことで保存できます。レシピ動画を配信するアカウントであれば、ストーリーズで紹介したメニューを「○月のレシピ」といったように月ごとにまとめて公開し、旬のメニューを調べやすくする、といったことも可能です。

　投稿したストーリーズを確認するもう1つの方法としては、

アーカイブ機能の活用があります。ハイライト機能とは異なり、こちらは他のユーザーに表示されません。また、Twitterと同じようにアンケート機能があります。2021年の夏からは、「リンク」ステッカーを使ってURLを貼ることができるようになりました。たとえば、投稿内容に関連したHPの記事のURLを貼る、といった使い方ができます。ストーリーズの活用方法は、今後ますます広がりを見せていきそうです。

ストーリーズを投稿する手順

①ホーム画面の「ストーリーズ」をタップ。

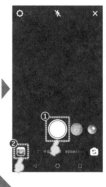

②撮影モードを選択。撮影する場合は❶を、フォルダ内の画像を使いたい場合は❷をタップ。

③右上のアイコンから文字やスタンプ、ハッシュタグなどを追加することもできる。

④左下の「ストーリーズ」をタップして投稿完了。投稿画面からハイライトの設定が行える。

Openchat機能を使えば、友だち以外にもPRできる

　2019年に登場したLINEの「Openchat」。一言で言えば従来のグループトーク機能の拡大版のようなもので、この機能の登場により**「友だち」以外のユーザーもトークルームに招待することができる**ようになりました。**参加可能人数は最大5,000人**。企業でも利用できるので、ビジネスツールとしても現在注目を集めています。

　このOpenchatは、URLやQRコードを共有してもメンバーを集えます。**LINE上に限らず、Twitterなど拡散力の強いSNSで告知ができるのもポイント**です。たとえばファン同士を集い、商品やサービスの使い勝手や改善点を話し合ってもらうといった使い方をすることもできます。管理者は特定のユーザーを退出させることができるので、不要に荒らされる心配もありません。ただしOpenchatでは、友人以外を招待することはできても、招待した人に友人申請することはできません。あくまでも情報交換の場として機能しています。

　LINEの機能としては、「**LINE Score**」も注目を浴びています。こちらは、**LINE独自の算出方法でユーザーの信頼度をスコア化する**というものであり、ユーザーはスコアによってさまざ

なサービスが受けられるようになります。まだ参入企業も少なく
ビジネスモデルも確立されていない印象ですが、今後も積極的に
チェックを続けていきたい機能です。

Openchat機能を利用する手順

①ホーム画面から「オープンチャット」を
タップ。

②画面下の「オープンチャットを作成」
をタップ。

③必要な情報を入力し、「次へ」をタップ。

④ニックネームや画像を設定し、「完了」
をタップ。

Twitter と Instagram の
ハッシュタグ活用のコツ①

ハッシュタグをつけると、
より発見されやすくなる

昨今あちこちで見かける「#○○」の文字列。「#」とキーワードを組み合わせたハッシュタグは、SNS上の投稿をキーワードやジャンルによって分類してくれるラベルのような機能です。

たとえば「#渋谷ランチ」と検索すると、渋谷のランチについての投稿がまとめて見ることができます。このように、**現代はハッシュタグによる検索「タグる」のが当たり前の時代となりました**。そして、最もハッシュタグが根づいているといえるのは **Instagram** と **Twitter** でしょう。

Instagram にはストーリーズのシェアや専用アプリで行うリポスト*などで拡散する方法もあります。しかし、その中で最も一般的に行われているのが、ハッシュタグ付けです。ひとつの投稿に対し複数のタグ付けをするのは当然で、投稿によっては10を超えるタグがつけられることもあります。Instagram ユーザーはこのタグを活用することで、膨大な投稿の中からお目当ての情報やフォローするアカウントを探し出しているのです。

ハッシュタグの魅力のひとつは、手軽さにあります。投稿者からしたら「#○○」と入力するだけで、投稿をカテゴライズできます。閲覧者からしたら検索サイトを経由しなくても、情報にた

どりつくことが可能となります。

　SNSマーケティングにおいても、このハッシュタグを使わない手はありません。**特にInstagramをマーケティングの場とするのであれば、タグを活用できなければ利益を生むのは困難であるといえるほどです。**

　常に最も盛り上がっているハッシュタグは何か、リサーチしておきましょう。

ハッシュタグの仕組み

基本的なハッシュタグの作り方

＊リポスト：他の人の投稿を自分のアカウントでシェアすること。
※広告出稿後は修正不可。

044 Twitter と Instagram の ハッシュタグ活用のコツ②

ハッシュタグを使い分けると、検索数を効率よく上げられる

　ハッシュタグの使われ方は、SNSによって大きな違いがあるため、Twitter と Instagram で、その傾向と対策を検証してみます。

　Twitter は、トレンドに敏感なSNSです。トレンドになっているハッシュタグを検索し、投稿に導入すれば、その分ユーザーの目に触れる機会が多くなります。そのため、**商品やブランドを直接的に宣伝するというよりも、人気のハッシュタグをつけてユーザーと一緒に盛り上がり、アカウントの認知に役立てるのが効果的な使い方といえます。** ただし、文字数制限の問題もあるので、ハッシュタグ数は1〜3個におさめる程度にします。

　Instagram では、最大30個までハッシュタグをつけられるので、ハッシュタグをつけられるだけつけ、その中から効果的なものを残すのもひとつの手です。「＃企業名」「＃商品名」のほか、ジャンルとして入れておきたい「＃ファッション」「＃スイーツ」や、ターゲットに焦点を合わせる「＃○○部」「＃○○な人とつながりたい」といったタグを組み合わせての投稿が効果的です。

　そして、Instagram にはハッシュタグ自体をフォローする機能もあります。

Twitterでのハッシュタグ投稿例

株式会社ペンギンアド
@fA4Vo4ZjedOzUtU

社内のテレビで社員全員で応援中←
ちなみに社長が一番盛り上がっています（笑）
頑張れラグビー日本代表！

#RWC2019

推奨個数は1〜3個。Twitterはトレンド重視のSNSであるため、人気のハッシュタグをつけ、他のユーザーと同じ話題で盛り上がるのがおすすめ。ハッシュタグを活用してユーザーとコミュニケーションをとり、自社アカウントに興味を持ってもらいたい。人気の

ハッシュタグはSNS内の機能「おすすめトレンド」や外部サイト「ついっぷる」（http://twipple.jp/）などで調べることができる。ちなみにここでつけられているハッシュタグ「#RWC2019」は、ラグビーワールドカップ2019のこと。文字数制限が厳しいTwitterでは、このようにハッシュタグを略すことも珍しくない。

Instagramでのハッシュタグ投稿例

推奨個数は10〜20個。最大で30個までハッシュタグをつけることができる。この例では「#アイスクリーム」だけでなく「#icecream」もつけているが、こうすることで海外ユーザーにもアプローチが可能になる。また店舗の場合は、「#渋谷」のように場所の情報を投稿するのもおすすめ。検索されやすいということもあるが、この画面を見ただけでどこにある店なのかがわかり、宣伝になる。「#○○部」や「#○○な人とつながりたい」は、同じ共通点を持つユーザー同士が、SNS内で交流するために活用されているハッシュタグ。マーケッター側からすれば、趣味や好みを把握しやすくなるので、効率的なアプローチに役立てることができる。

タグ付けすることで、SNSの拡散力が増強する

　SNSを閲覧していると、写真上にアカウント名が書かれたタグが表示されることがあります。これは各SNSの「タグ付け機能」によるものです。

　タグ付け機能は、写真に写っている人が誰なのか（どのアカウントなのか）を他のユーザーにお知らせするための機能です。 もし、その人が実際に写っていなくても「○○さんと一緒です」というように知らせることができます。

　タグ付けした投稿は、タグ付けされた人のアカウントからも見ることができるようになります。たとえば、化粧品メーカーなら美容師やネイリストとコラボし、投稿にその人をタグ付けすることで、その人のアカウントを見て興味を持ったフォロワーが自社のアカウントを見に来てくれるということも期待できます。インスタグラマーとコラボするような場合でも、この仕組みに大きな効果が期待できるでしょう。

　また、**タグ付け機能はファンとのコミュニケーションツールとしても使えます。** もちろん許可は必要ですが、「公式に取り上げられて嬉しい！」と思うユーザーは多いものです。たとえば、店舗やイベントに来てくれたユーザーの写真を撮り、タグ付けをし

て投稿すれば、そのユーザーは今まで以上にコアなファンになってくれるはずです。ファンのUGCを取り上げ、タグ付きで紹介するというのも有効な手段です。

各SNSのタグ付けのやり方

①写真の投稿画面から「この画像には誰がいますか」をタップ。

②検索バーにタグ付けしたいアカウント名を入力する。

③「完了」をタップするとタグ付けされる。

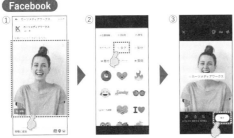

①写真の投稿画面から写真をタップすると画面が切り替わる。

②再び写真をタップ。スタンプから「@タグ」を選び、タグ付けしたいアカウント名を入力。

③「完了」をタップする。

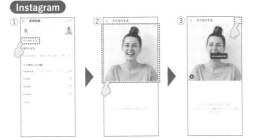

①投稿画面から「タグ付けする」をタップ。

②写真をタップして、タグ付けしたいアカウント名を入力する。

③右上のチェックアイコンをタップ。

※機種や機器により、表示は多少異なる可能性があります。

店舗の告知だけでなく、キャンペーンも開催できる

　TwitterやFacebook、Instagramには、投稿に位置情報を任意で付加できる機能がついています。**この機能を活用すれば、他のユーザーに店舗やイベント開催スペースの場所などを簡単に知らせることができます。**

　たとえば、店舗アカウントが普段の投稿にこの位置情報を付けておくと、ユーザーは店舗の各投稿からワンクリックで店舗の位置を確認できます。さらに、多数のユーザーが店舗の位置情報をつけて投稿すれば、位置情報で検索した際に多数の写真がマップと一緒に現れ、集客につながりやすくなります。

　この位置情報機能を活用すれば、キャンペーンも開催できます。たとえばユニクロは、過去に「チェックイン」（Facebookでの位置情報の付加）するとその場で100円、1,000円、2,000円のいずれかのクーポンが必ずもらえるというキャンペーンを行いました。その結果、スタートからたった1日でチェックインした人数が2万人を突破したそうです。

　自分の投稿に位置情報の付加を忘れないことと、ユーザーの付加を積極的に促すこと。店舗経営の場合は特に、これらの点に注力してみましょう。

Facebook「チェックイン機能」の利用手順

（スマホアプリの場合）

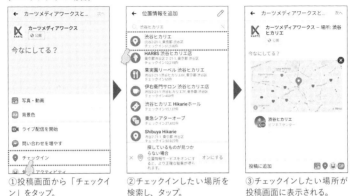

①投稿画面から「チェックイン」をタップ。

②チェックインしたい場所を検索し、タップ。

③チェックインしたい場所が投稿画面に表示される。

スポットが登録されていない場合は…

①追加したい場所の名前を検索ボックスに入力し、「新しいスポットを追加」をタップ。

②カテゴリを選択し、位置情報を入力。

③必要な情報を入力したら「作成」をタップ。

※新規スポットを追加するには、端末のGPS機能をONにしておく必要がある。またページマネージャからは利用できない。

マンガコンテンツの投稿は、共感を誘える

　Twitterでバズりやすいコンテンツのひとつに、マンガがあります。文章だけだと流し読みする層でも、マンガだとつい読んでしまうものです。SNS投稿に取り入れられれば、大きな強みとなります。

　マンガといっても、Twitterに投稿する場合は1回で投稿できる限度の4枚以内におさめるのがベター。1コマだけのシンプルなものでもOKです。

　画力があるに越したことはありませんが、それも必須ではありません。**必須といえるのは、タイムラインで流れてきても一瞬で理解できるわかりやすさです**。マンガコンテンツの投稿に慣れていない場合は、複雑なコマ割りや多過ぎるセリフは避けるようにしましょう。

　また、**テーマ選びも重要な要素です。最もおすすめなのは、ネタが浮かびやすい「体験談」**。たとえば商品を告知したいなら、使ってみた感想や「あるある」をマンガにするパターンです。こういったマンガは凝った設定がないためとっつきやすく、共感を得やすいのがポイント。共感が拡散につながるというのは、マンガにおいても変わりません。

　現在はマンガ家の卵やアマチュアの方にクラウドソーシングで気軽に発注できるのも魅力的です。もちろん相応の費用はかかりますが、広告費と捉えれば、一考の価値があるのではないでしょうか。

マンガコンテンツ例

CompTIAのFacebook&Twitterアカウントで配信された、CompTIA認定資格についての説明をマンガ化して投稿したコンテンツの一例。IT業界を目指す学生やキャリアチェンジしたい社会人向けに、資格の概要やメリットをわかりやすく訴求するコンテンツに仕上がっている。

インフォグラフィックだと、データが見える化できる

インフォグラフィックを使用したコンテンツを投稿するのも、ユーザーの目を引くのに有効な手段です。インフォグラフィックとは、魅力的に情報を伝えるもの。プレゼンテーションや配布資料、動画などに使える資料として、昨今多用する企業も増えています。

特に企業アカウントは、データや商品情報を投稿する機会が多くなります。ですが、それがどんなに有用なものであっても、ユーザーの目に留まらなければ意味がありません。1日に何十件何百件という投稿を目にすることもザラにあるのがSNSの世界です。ただ、グラフや数列を並べているだけでは、その投稿はあっという間に読み流されてしまいます。

そういった点において、インフォグラフィックはSNSと非常に相性のいい表現方法といえます。たとえば「あれが○○％、これが○○％……」という文字列と、表やグラフをわかりやすく図解化したものでは、どちらが目につきやすいかは明らかです。内容自体は同じであっても、見せ方ひとつで反響は大きく変わります。

直接利益に結びつかないようなインフォグラフィックでも無駄にはなりません。過去に、アメリカの寝具メーカーが「世界の偉人たちの睡眠時間を比較」する内容のインフォグラフィックを公

表したことがあります。あらゆるメディアで取り上げられたことで、そのメーカーは幅広い層に名前を知られることになりました。

　インフォグラフィックには、円グラフや棒グラフのほか、フローチャートや年表、マップなどさまざまな手法・表現方法があります。

　インフォグラフィックを制作するにはWebツールなどを使って自分で作成する方法もありますが、「見やすくわかりやすい」図解にするには高いスキルが必要です。簡単そうで難しいのがインフォグラフィック。ここはやはりプロに依頼するのが一番でしょう。ただそれほど予算がないという場合は、マンガと同様に、クラウドソーシングで手頃な価格で制作してくれるインフォグラフィックデザイナーを探してみるのもいいかもしれません。

インフォグラフィック例

カーツメディアワークスが実際に制作した、アスカネットのインフォグラフィック。各データとイラストを組み合わせて紹介することで、どのようなデータを提示しているのか視覚的にわかるようになっている。

ライブ配信だと、コアなファンを増やせる

　最近では、ライブ配信サービスを集客やPRに利用する企業も増えてきました。ライブ配信とは、ライブストリーミングによるリアルタイムの動画配信のこと。簡単に言えば、インターネットを活用した生放送のことです。ライブ配信は各SNS上で目立つ位置に配置されやすく、Twitterだとフォロワーに「ライブ配信を開始しました」との通知が届いたり、Instagramだとフォロワーのストーリーズのトップに配置されたりします。

　ライブ配信は、新作発表会、セミナー、会社説明会、PRイベントなど、さまざまな発表の場に適しています。たとえばルイ・ヴィトンでは、毎年のようにコレクションの発表をライブ配信しています。ユーザーからすれば、現地にいなくても、スマホやパソコンを通してランウェイショーの雰囲気を体感できるのです。

　ライブ配信には、他のコンテンツにはない魅力があります。**視聴者とリアルな相互コミュニケーションが取れるのでライブならではの一体感が得られ、視聴者はより深いファンになってくれやすくなります。**また**動画編集が不要のため、最新情報をスピーディーに伝える**のにも向いています。今後ライブ配信は、ますます主流の配信方法となっていくでしょう。

各SNSのライブ配信方法

Twitter

①投稿画面を開き、左下のカメラアイコンをタップ。

②画面が切り替わったら「ライブ」をタップ。

③「ライブ放送する」をタップすると配信が始まる。

Facebook

①ホーム画面から「投稿する」をタップ。

もしくは、公開する範囲を決め、説明文を追加し、「ライブ配信を開始」をタップ。

②「ライブ動画を開始」をタップすると配信が始まる。

Instagram

①ホーム画面から「ストーリーズ」をタップ。

②下のスクロールバーから「ライブ」を選択する。

③アイコンをタップすると配信が始まる。

OGPを設定しておくと、リンククリック数が増える

　自社サイトに誘導するため、SNSでリンクをシェアしたい。SNSマーケティングを行っているとそんな機会が頻繁に訪れます。そこでURLを貼り付ける際に活用したいのが「OGP」です。

　OGPとは「Open Graph Protocol」の略称。SNSでURLがシェアされたときに、サムネイル画像（縮小サイズの画像のこと）**やタイトル、説明文などを意図どおりに表示するためのしくみです。**URLだけを表示するよりも、サムネイル画像があったほうがリンクとして目立ちます。その分、ユーザーに気づかれやすく、クリックもされやすくなります。また一度設定しておけば、誰にシェアされても同じように表示される、というのもポイントです。

　逆にOGPの設定をしていないと、表示したい画像やタイトルを指定することができず、表示されない、もしくはSNS側が指定したものが勝手に表示されることが起こります。これではユーザーもリンクをクリックしようとは思いません。

　まずは右ページで紹介している各種デバッガーに、自社サイトのURLを入力してみましょう。ちゃんと意図どおりの表示になっているでしょうか。もしなっていないのであれば、OGPが

設定されていない可能性があります。

　基本的にOGPはサイトを制作する際に設定するもので、正しい設定にはある程度の知識が必要になります。そのため、もし設定したいというのであれば、サイト制作の知識がある人や、外部の専門会社に相談してみましょう。

OGPが正しく設定されている場合

OGPが正しく設定されていない場合

デバッガー機能

Facebook対応	Facebook for Developers	https://developers.facebook.com/tools/debug/
Twitter対応	Card validator	http://cards-dev.twitter.com/validator

デバッガー：プログラムの不具合（バグ）の原因を探すソフトのこと。

Shop Nowの導入で、
購入者を増やせる

　Instagramのショッピング機能「Shop Now」を活用すると、対応した画像の上に商品名や価格、詳細ページへのリンクが表示され、ユーザーがそこからたどると該当商品を購入できます。1枚の画像に最大5つ登録できるので、たとえ複数の商品が入った画像でもユーザーは気になる商品をタップするだけで商品ページにたどりつけます。企業側はスムーズにユーザーを自社HPやオンラインストアに誘導できます。

　またInstagramでよく利用されているストーリーズでも、この機能が利用できます。利用方法は、「製品」というスタンプアイコンを選択し、Facebookページに登録している商品を選択するだけです。ネット通販を行っているのであれば、この機能は有効です。

　ただし、Shop Nowを利用するには注意点がいくつかあります。まず審査を申請・通過する必要があり、審査にはおよそ1週間ほどかかり、審査に落ちたら再申請が必要になります。また、販売できるのは物理的な商品だけですので、形のないサービスは販売できません。さらに、成人向け製品（アルコールなど）をはじめ、規約によって販売が認められていない商品ジャンルもあります。

Instagram「Shop Now」の利用手順

①カバンのアイコンが「Shop Now」対応の目印。

②画面をタップすると商品名や値段が書かれたタグが表示される。

③表示されているタグをタップすると詳細ページに移動できる。

④そこからさらに企業の商品サイトに移動できる。

「Shop Now」導入のための条件※

1. Facebookの提供者契約とコマースポリシーに準拠していること
2. Instagramビジネスアカウントがあること
3. Facebookページがリンクされていること
4. 主に有形商品を販売していること
5. ビジネスアカウントがFacebookカタログにリンクされていること

※Instagram公式ヘルプセンターより

Shop Nowを使えば、その場で購買促進ができる

　Shop Nowを利用するためには、以下の4つの手順を踏む必要があります。これらの手順を踏むと、自動的に審査が始まります。

①Instagramアカウントをビジネスアカウントに移行する

②Facebookページを開設する

③Facebookページでショップセクションを追加もしくはビジネスマネージャでカタログを作成する（商品を追加する）

④FacebookページをInstagramアカウントと連携させる（③の前でもOK）

なかでもややこしいのが③の工程。この工程については右ページにて解説するので、参考にしてみてください。

　審査は2～3日で終わることもあれば1週間かかることもあります。審査開始や審査中を知らせる連絡はなく、審査に落ちた場合のお知らせも来ません。すべての条件を満たせておらず、そもそも審査が始まっていなかった……というケースも多いので、こまめに確認するようにしましょう。

　無事審査に通ったら、いよいよInstagramの投稿に商品情報のタグが付けられるようになります。

商品を追加する手順

①Facebookページの画面左側にある「ショップ」をクリック。

> 「ショップ」が出ていない場合は、「設定」→「テンプレートとタブ」画面を開く。下のほうにある「タブを追加」をクリックし、「ショップ」を追加する。

②「商品を追加」をクリック。

③必要な情報を入力し「商品を追加」をクリック。

④正しく登録できると上の画像のように表示される。

⑤Instagramと連携する。

第三者目線の情報活用で、信頼感が増す

　特にSNSを利用するユーザーは、企業発信の情報よりもユーザーが作ったコンテンツであるUGCからの情報を重視します。**実際の使用感、満足度、コストパフォーマンス……こうしたユーザーが本当に知りたい情報は、企業が発信するよりも一般ユーザーの投稿のほうが信頼されやすい**からです。インフルエンサーがフォロワーに支持されるのも、このユーザー目線の信頼感があるからです。

　そこで最近では、UGCを自社コンテンツとして活用するケースが増えています。**企業が自社商品やサービスに対するUGCを収集し、公式アカウントで紹介する**方法です。

　このマーケティングモデルを支えるのが、ハッシュタグです。企業がオリジナルのハッシュタグを作成し、ユーザーに広める。そのタグがついた投稿を、企業が収集する。そのためUGCを活用したこのマーケティングは、ハッシュタグ文化が根付いているInstagram上で行われることが多いわけです。

　企業によっては、自社の告知を発信せず、UGCのみを活用しているところもあります。信頼度の高いユーザーの投稿をうまく活用することで、自社商品やサービスの良さを第三者の目線でアピールする意図からの施策です。

UGCを活用したInstagramアカウント投稿例

①通常投稿に活用するパターン

決まったハッシュタグを付けてくれたユーザーの投稿を紹介する。あらかじめプロフィール文に、「#○○を付けてくれた投稿を紹介します」と記載しておくとよい。

 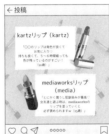

②複数の画像を投稿するカルーセルで見せるパターン

1枚目は自社で作成したコンテンツ、2枚目以降にユーザー投稿を紹介する。1枚目は自社アカウントなのでトンマナが統一できるのと、複数人のUGCを一気に活用できるのがメリット。

③ストーリーズで通常投稿をシェアするパターン

シェアしたい投稿の左下にある、紙飛行機型のマーク。このマークを押すと、自社のアカウントのストーリーズでシェア可能に。もっとも気軽にUGCを活用できる。

ブログ記事などで、多様なコンテンツが作成できる

　Twitterは10代〜20代の利用者が多く、拡散性や速報性に優れています。

　Facebookは20代〜40代のビジネス世代が多く利用していて、実名での登録からSNSとしての信頼性も高くなっています。

　この2つを同時に利用することで、それぞれのSNSの強みを活かしつつ、多くの世代への認知度アップや訴求などを狙うことができます。

企業情報	「Webroot」 サイバーセキュリティソフトを販売している会社。「誰もが安全にインターネットを利用する権利を持てるように」というビジョンのもと、クラウドと機械学習を利用し、サイバー攻撃に対する信頼性の高い予測と保護をリアルタイムで提供。顧客は世界中の企業や個人にわたり、グローバルにさまざまなセキュリティーソリューションを展開している。 （※Webrootは2019年に、親会社のCarbonite社とともに、エンタープライズ情報管理の世界的リーダーであるOpenTextに買収された。3社はともにサイバーレジリエンスの市場リーダーとして、あらゆる規模の企業に対しサイバー被害からの総合的なエンドポイントの保護および復旧を提供している。）
経緯	元々カーツメディアワークスのグローバルチームがPR代行していたが、その中でSNSをより一層活用するためにコンテンツの制作を依頼される。そこでSNSチームがWebroot公式のTwitterとFacebookを利用して、知名度アップやエンゲージメント率を狙った投稿を行うことになった。

販売中のサイバーセキュリティソフトを取り上げたニュースの投稿。第三者が取り扱った情報の拡散で説得力を上げる。

元々行っていた「サイバーセキュリティ川柳」というイベントの結果を投稿。

公式ブログから、一般的なSNSユーザーに興味を持ってもらえそうな内容をピックアップ。3行にして投稿するなどの工夫も。

Webrootが作成した公式キャラクター「AIガール」を活かす画像・動画も投稿。

投稿のポイント	投稿内容を考えるうえで意識したのは、既存のものを有効活用すること。サービスや商品、元々ブログなどで発信しているお役立ち情報やイベントなどのアピールできるポイントが数多くあったので、それらをSNSで投稿することでより広い範囲やユーザーに拡散される投稿内容を心がけた。
投稿内容の工夫	①GWなどの長期休暇直前に「その間の会社のセキュリティは大丈夫ですか？」といった、時期に適して注意喚起できそうな内容のブログをシェア投稿した。 ②ブログなどに新情報がアップされたら、最低でもその月末までにSNSでも投稿。 ③ブログの記事内容としては役立つが、SNSで瞬間的に興味を持ってもらうために、3行にまとめた画像を作成してみたり、動画にしたり、オリジナルキャラクターを使ったりして、よりSNSユーザーに受け入れやすい内容にした。

投稿内容を
コンテンツカレンダーで共有する

投稿するコンテンツを作成するとき、あわせてコンテンツカレンダーを制作しましょう。コンテンツカレンダーを作成するメリットは、

・投稿日付の管理がしやすい
・コンテンツを作成する人以外も、内容を確認しやすい
・クリエイティブの流れが確認しやすい

などにあります。参考に、私たちがよく使用しているコンテンツカレンダーのイメージを載せますので、確認してみてください。

コンテンツカレンダーのイメージ

①投稿日付	②クリエイティブ	③テキスト	④掲載可否	⑤修正指示	⑥再校
5/11（月）	（※ photo1）	○○×○	×	○○○○	○○○○
5/12（火）	（※ photo2）	△△△△	○		
5/13（水）	（※ photo3）	××○○	×	△△○○	△△○○
5/14（木）	（※ photo4）	××××	○		

① **投稿日付**…………投稿予定の日付を記入する
② **クリエイティブ**…投稿予定の画像や動画のキャプチャーを貼る
③ **テキスト**…………投稿する文面やハッシュタグなどを記入する
④ **掲載可否**…………責任者やクライアントに見てもらう場合は、この欄を用意する
⑤ **修正指示**…………責任者やクライアントに、この欄に修正してもらいたい部分を
　　　　　　　　　　　記入してもらう
⑥ **再校**………………⑤修正指示を反映したテキストを記入する

ファンと深くつながる
コミュニケーション術

ファン化できると思えば、フォローを検討する

　SNSマーケティングはユーザーとの双方向のコミュニケーションによるファン作りが目的の1つであるため、公式アカウント上で個人ユーザーをフォローするかどうか迷うことがあります。結論としては、SNSの特徴と自社の方針で決めることが最善です。フォローすることでメリットを感じないなら必須ではありません。

①Facebookではフォローはできない

　前提としてFacebookのビジネスアカウントである「Facebookページ」は個人アカウントとは違って友だち申請、つまりフォローができません。できるのは自社のページに対する「いいね！」のリクエストのみです。まずは、ユーザーニーズに合った投稿が必要です。

②Twitterは自社の方針で判断

　個人ユーザーをフォローするかしないかは自社の方針次第です。フォローしなくとも魅力的なツイートは検索やリツイートで一気に拡散していきます。また、自社の名前や製品名、タグの検索などによって、ツイートしたユーザーもすぐに見つけられるので、コミュニケーションも容易です。

③Instagramはハッシュタグで見つけてもらえる

個人ユーザーをフォローするかしないかは、Twitter同様、自社の方針次第です。

Instagramはハッシュタグ文化なので、ハッシュタグさえしっかり設定しておけば、検索でたどりついてもらえます。実際に人気の企業アカウントでは、企業間フォローしかしていないところも多々見受けられます。

フォロー（リクエスト）のメリット・デメリット

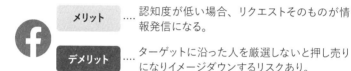

メリット …… 認知度が低い場合、リクエストそのものが情報発信になる。

デメリット …… ターゲットに沿った人を厳選しないと押し売りになりイメージダウンするリスクあり。

メリット …… ファンに喜んでもらえる。ファンのツイートで情報収集が可能。

デメリット …… フォローする基準を決める必要がある。ファンでなければ警戒される場合がある。

メリット …… ファンに喜んでもらえる。ファンの投稿で情報収集が可能。

デメリット …… フォローする基準を決める必要がある。ファンでなければ警戒される場合がある。

コメントの返事の仕方を、ルール化しておく

　個人ユーザーのコメントに返信をするかどうかは、企業側の SNS活用方針に基づいて決めます。コメントといっても、ただ の感想もあれば、クレームのような不平不満が届くこともありま す。企業アカウントの場合、複数人の担当者で回すことも多いた め、コメントの内容ごとにどう対応するか、というルールを決め ておくことが肝心です。

　最もラクな取り決めは、どんなコメントにも一切反応しないと いうものです。その代わりに問い合わせ窓口などを別途記載して おきます。たとえば、ある大手食品企業のInstagramは、コミュ ニティーガイドラインを明記して、問い合わせ先をSNS以外に 誘導しています。

　ただし、認知度が低い場合などはSNS上でのコミュニケー ションがブランドイメージの向上にもつながるので、まったく反 応しないというのは、機会損失とも考えられます。

　そのため、おすすめはどのようなコメントに対して、どのよう な反応をするか、パターンを決めておくことです。嬉しい感想に ついては、感謝の言葉、もしくは「いいね」やリツイートなどの 反応をする、不満などに対しては謝罪と「ご参考にさせていただ

きます」という文言だけ一律で送るというようにです。カーツメディアワークスで実際に使用しているコメント対応表のサンプルを次のページに掲載いたしますので、参考にしてみてください。

コメント対応のルールを決める

決めるべきルール①

コメントに返信をするかどうか

返信する

↓

細かい返信方法を決めておく

返信しない

↓

別途お問い合わせ先などを明記

決めるべきルール②

いつ、どんなコメントに、どのような返信をするか

いつ

・コメントされたあと24時間以内
・14:00〜15:00の間のみ
・就業時間内に気づいた時のみ
　など

どんなコメントに

・感想
・不満（クレーム）
・要望
・質問
　など

どのような返信をするか

・定型文
・顔文字、絵文字のみ
・いいねやリツイートのみ
・コメントに合わせて柔軟に返信

コメント対応表

ユーザーからのコメント	投稿日時	カテゴリ	対応コメントなど	対応日時	備考
いつもお世話になっております。引き続き期待しています！	2020/1/5 14:34	感想	いいね	2020/1/5 14:50	
シェアさせていただきます。	2020/1/7 0:35	感想	いいね	2020/1/8 10:35	
詳しく知りたいのですが、どこでお聞きすればよいですか？	2020/1/10 18:20	質問	お問い合わせはこちらまでご連絡くださいませ。お問い合わせ先※電話番号	2020/1/11 10:26	
シェアしても大丈夫ですか？	2020/1/12 10:09	質問	ありがとうございます。よろしくお願いいたします！	2020/1/12 11:31	
ホームページの読み込みが遅いです。	2020/1/17 13:45	ご意見	ご意見ありがとうございます。担当部署にて確認させていただきます。	2020/1/17 14:11	上長に確認済み
ご紹介の商品、早速購入しました！	2020/1/23 17:16	感想	いいね	2020/1/23 17:58	
この投稿、面白いですね！	2020/1/24 11:47	感想	いいね	2020/1/24 13:28	
この商品はどちらで購入できますか？	2020/1/29 9:55	質問	限定商品のためネットショッピングのみで取り扱っております。※URL	2020/1/30 10:27	

シェアなどの簡単な質問への返答は、個人の裁量で柔軟に答えると親近感を与えられる。ただし、答え方に一定のルールを設けることは必要。

対応した日時を記載しておくことで、対応の遅れがないかを把握できて、返答のスピード感を共有できる。

ご意見のカテゴリに入るものは上長に確認してから返答するなど、一担当者の一存で決めないようなルールが望ましい。

よくある質問に対しては、あらかじめ定型文を作成しておくと誰でも素早く対応可能。

よくある好意的な感想などにはいいね、を押すことで間違いのない対応ができる。

ユーザーから のコメント	投稿 日時	カテ ゴリ	対応コメントなど	対応 日時	備考
不良品が届きました。返品交換お願いします。	2020/ 2/2 21:32	ご意見	ご迷惑をおかけして、大変申し訳ございません。お手数ですが返品対応はこちらまでご連絡お願いいたします。返品対応窓口　※電話番号	2020/ 2/3 10:11	上長に 確認済み
こちらのサービスの使い方がいまいちよくわかりません。	2020/ 2/3 13:50	ご意見	ご不便をおかけして、大変申し訳ございません。よろしければこちらのページ（※URL）をご確認くださいませ。それでも解決しなければ、お問い合わせ窓口までご連絡くださいませ。お問い合わせ先　※電話番号	2020/ 2/3 14:44	上長に 確認済み
いつも愛用しています！	2020/ 2/8 7:44	感想	いいね	2020/ 2/10 10:30	
〇〇の商品はどのように使うのがベストですか？	2020/ 2/13 14:19	質問	こちらの商品のページ（※URL）の一番下に記載させていただいております。	2020/ 2/13 14:58	担当部署 確認済み
値段が高いので、割引きとかしてほしいです。	2020/ 2/17 13:53	要望	ご意見ありがとうございます。今後、検討させていただきます。	2020/ 2/17 14:01	担当部署 報告済み
まとめ購入などはできますか？	2020/ 2/20 16:04	質問	申し訳ございませんが、まとめ購入は承っておりません。	2020/ 2/20 16:28	
公式アカウントあったんですね〜	2020/ 2/25 13:35	感想	いいね	2020/ 2/25 14:01	
この商品、めっちゃ使いやすくていいですね！	2020/ 2/28 11:56	感想	いいね	2020/ 2/28 12:11	担当部署 報告済み
3月					
いつも助かってます！	2020/ 3/3 12:58	感想	いいね	2020/ 3/3 13:23	

通常の要望に対して、マニュアルなどがないものは、担当部署に報告したうえで返答内容を決める。

良い感想も悪い感想もできるだけ担当部署に伝えることで、今後の方針に活かすことができる。

対応を間違えるとクレームに発展しそうなものはご意見のカテゴリに設定しつつ、上長と相談しながら対応を決める。

SNS担当者で判断できないことは担当部署に問い合わせて伝えるのが丁寧。実際に確認した事実も記載しておく。

投稿が批判されたら、
真摯に迅速に対応する

　企業アカウントが発信した内容に対して、**批判や非難などネガティブなコメントをもらった場合の基本方針は、真摯に迅速に対応する**ことに尽きます。基本的に、**スルーしたり削除したりしません**。そこでポイントとなるのは、どのような対応をすべきかをあらかじめ決めておくことです。

　SNSを運用していく過程で一切ネガティブなコメントや投稿をもらわないことは、もはやあり得ないと言ってもいいでしょう。なぜならSNSは自由に発言できるものであるし、個人ユーザーのためのものだからです。何千万人単位の人が利用しているのですから、ネガティブなものが届くことも覚悟しておくべきです。

　具体的な対応ですが、たとえば、こちら側の単純なミスや配慮不足、間違った案内などをしてしまったのであれば、謝罪コメントを発信し、そのうえで間違えたものは削除、訂正したものの投稿などをします。これは、ユーザーからのコメントや投稿には反応しないというルールで運用していても必須といえるでしょう。

　また、SNSでの発信となると、どうしても文字数が限られ、書き込める内容に制限があるので、誤解を招くことや、意図とは

違うまったく思いもよらない解釈をされることもあります。その場合も、不快にしてしまったことへの謝罪と、そういう意図ではなかった旨を発信するかどうかを考えてルール化します。

　注意すべきは、ユーザーコメントの中には、スパムめいたものや、ただの悪口、八つ当たりのような悪質なものがあることです。それらへの対応策も、弁護士などと相談して事前に決めておきます。

ネガティブコメントや投稿への対応例

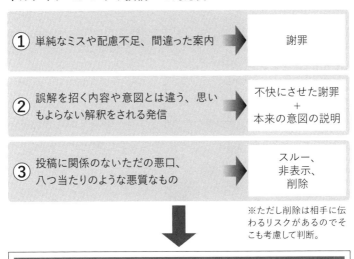

① 単純なミスや配慮不足、間違った案内 ▶ 謝罪

② 誤解を招く内容や意図とは違う、思いもよらない解釈をされる発信 ▶ 不快にさせた謝罪 ＋ 本来の意図の説明

③ 投稿に関係のないただの悪口、八つ当たりのような悪質なもの ▶ スルー、非表示、削除

※ただし削除は相手に伝わるリスクがあるのでそこも考慮して判断。

まとめ

大事なのは①、②に対する迅速な対応。そしてそもそもこういったことが起こらないように事前に投稿内容を二重、三重で確認、担当部署に確認、上長へ確認することなどをルール化しておくのが重要。

自動返信機能を使えば、対応の混乱が避けられる

　SNSの中にはダイレクトメッセージ（以下、DM）という、直接メッセージをやりとりできる機能があります。こちらは、通常のツイートやコメント、投稿などとは異なり、送られてきた時点で公開されることはありません。

　ただし、非公開だからといって雑な対応をしてはいけません。なぜなら、対応そのものが後々公開されるリスクがあるからです。**わざわざDMとして送ってきたということは、何らかの反応を期待されているのです。そのことを念頭に置いて、迅速で丁寧、真摯な対応を心がけます。**

　対応方法ですが、通常のコメント対応時と違いはありません。もともとの運用ルールに従い、受け取ったDMの内容によって適した反応をするということです。

　企業側の投稿のミスなどによる批判や指摘なら、謝罪は必須です。その後、投稿を削除、訂正して再投稿をします。不快になったという意見なら、謝罪や粛々と受け止めて今後に活かすといったことをお伝えすべきです。いわれのない誹謗中傷なら、無視しても構わないでしょう。反対にお褒めの言葉なら、感謝を伝えることでファン化につなげられるよう、これも真摯に対応します。

　ただし、対応を考えるうえで注意すべきは、何でもウェルカムにするかどうかというところです。投稿した内容についての質問なら答えるべきですが、企業側の元々のサービスや製品についての問い合わせとなると、答えることは望ましいものの、企業規模によってすべてに対応するのは難しいのが現実でしょう。

　そこで検討したいのが、自動返信機能などの便利機能。Facebookは「インスタント返信」という自動返信機能を設定することができます。Instagramでは「クイック返信」という機能で、よく使う定型文を登録しておけば、すぐに返信することができます。Twitterには自動返信機能がないため、別でメモ帳などに定型文を貼り付けておくなど、ひと手間必要になります。このように各SNSの機能をうまく活用しましょう。

各SNSのDM機能

	DMの対象範囲	便利な機能
（Facebook）	全ユーザー	自動返信機能 （インスタント返信）
（Twitter）	設定画面から全ユーザーに指定可能 （デフォルトの場合、フォローした アカウントのみ）	
（Instagram）	全ユーザー	クイック返信機能

能動的なサポートで、ユーザー離れを阻止できる

　これまでは、ユーザーに困りごとや不満があった場合、その声を拾い上げるためにカスタマーサポートなどのコールセンターが運用されてきました。あくまでユーザーからの動きがあったうえでの受動的な対応です。

　昨今は企業側がSNSを利用して、顧客の声をキャッチしに行って、問い合わせに至る前に解決の手助けをするというアクティブサポートが行われるようになってきています。

　これまでサービスや製品に対して何かしらの不満を抱えていながらも、企業には伝えず黙って利用をやめてしまうようなユーザーに、積極的に意見を聞いたり、詳細な情報や解決策を提示したりして、離れてしまうのを踏みとどまってもらうことが可能になるためです。

　ほかにも、アクティブサポートによってユーザーとコミュニケーションを取っていくメリットをまとめると主に以下の4点です。

①自社サービスや製品の詳細説明や解決策の提案で離脱阻止

②お金をかけず自社サービスや製品の課題を吸い上げられる

③良いコメントに感謝やお礼を伝えることでファン化できる

④ブランドの認知度や好感度を向上させられる

ユーザーの嘆きに対するカスタマーサポートのツイート

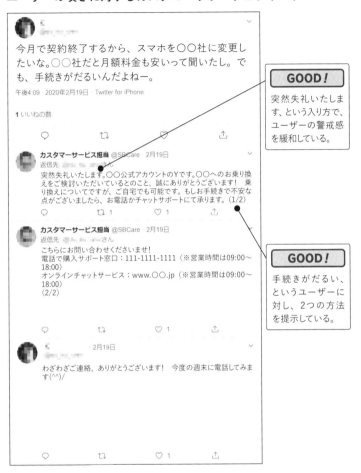

今月で契約終了するから、スマホを〇〇社に変更したいな。〇〇社だと月額料金も安いって聞いたし。でも、手続きがだるいんだよねー。

午後4:09・2020年2月19日・Twitter for iPhone

1 いいねの数

カスタマーサービス担当 @SBCare　2月19日
返信先
突然失礼いたします。〇〇公式アカウントのYです。〇〇へのお乗り換えをご検討いただいているとのこと、誠にありがとうございます！　乗り換えについてですが、ご自宅でも可能です。もしお手続きで不安な点がございましたら、お電話かチャットサポートにて承ります。(1/2)

カスタマーサービス担当 @SBCare　2月19日
返信先　　　さん
こちらにお問い合わせくださいませ!
電話で購入サポート窓口：111-1111-1111（※営業時間は09:00〜18:00）
オンラインチャットサービス：www.〇〇.jp（※営業時間は09:00〜18:00）
(2/2)

2月19日
わざわざご連絡、ありがとうございます!　今度の週末に電話してみます(^^)/

GOOD!
突然失礼いたします、という入り方で、ユーザーの警戒感を緩和している。

GOOD!
手続きがだるい、というユーザーに対し、2つの方法を提示している。

ポイント　問い合わせを受けているわけではないが、このままだと利用してもらえない可能性があるため、能動的に助言をしに行っている。

ファンミーティングで、
顧客と深くつながる

　「ファンミーティング」という言葉は、少し前までは芸能人やスポーツ選手などがファンと交流するために行うイベントのイメージが強いものでした。ところが近年では、人気があって一定数のファンが存在するものなら、それが声優でも、2.5次元俳優＊でも、アニメキャラクターでも、あらゆるもので日常的に行われる時代になりました。もちろん企業も例に漏れません。

　ファンミーティングの目的はリアルでコミュニケーションを図り、ファンであるユーザーとの結び付きを強化することです。

　企業がファンミーティングを行うメリットは、既存のファンとのつながりを強く、深くすることです。これまでサービスや製品などを通してしか知らなかった企業と、リアルでコミュニケーションを図れれば、詳しく知ってもらい、より強固なファンとなってもらえる可性があります。

　なぜすでにファンになっているユーザーと結び付きを強める必要性があるかというと「パレートの法則」という経験則による根拠があるからです。これは「80：20の法則」とも呼ばれており、たとえば「売り上げの80％は、顧客の中の20％が占めている」という考え方です。つまり、上位20％に該当するユーザーとの

距離をもっと近くすることで、売り上げが高まることを期待しているのです。

　SNSはこのファンミーティングの実施に親和性の高いツールです。SNSの活用で、より多くのユーザーへファンミーティング開催の告知ができますし、それをSNS上でファン同士が共有し合うこともできます。そうしてSNSで盛り上がれば自然と不特定多数の人の目に触れるので、企業の認知度も上がります。

　ユーザーとしてはSNS上でしか知らなかったような人と、同じ企業のファンという共通点を持って実際に会場で出会うことができます。イベントを堪能したファンによって、さらに友人や知人に拡散してくれることも期待できます。

ファンミーティングでのSNS活用法

① イベント前にファンミーティングの発表をSNS上で行う

狙い より多くのユーザーにイベントの存在を知ってもらう

② SNS上で申し込みができるようにする

狙い より多くのユーザーに公式アカウントを見てもらえる

③ イベント中にSNS上で現地の盛り上がりを中継する

狙い 当日の来場訴求や、企業の認知度アップ

④ イベント後には当日の盛り上がりをSNS上で投稿

狙い 不特定多数の人への認知度アップ、次回の集客アップ

＊2.5次元俳優：アニメやマンガなど平面（2次元）のキャラクターを実写として演じる生身の俳優（3次元）のこと。

来店促進イベントで、ブランドイメージを上げる

　リアルイベントはファンとの結び付きを強めるのはもちろん、新しいファンを増やすきっかけにもなります。そこで、実際にSNSを使ったリアルイベントの成功事例を紹介しましょう。大手小売企業が、今までの店舗とはまったく違ったコスメショップをオープンさせました。従来の店舗では取り扱っていなかった商品やサービスを展開することで注目されていましたが、さらに従来の業務形態のイメージを払拭するようなブランディングの必要性を感じていました。

　まずは、商品の約75％が化粧品で、完全に女性向けのサービス提供ということから、SNSとしてはInstagramによるこだわりの写真や動画を使ったマーケティングが効果的だと感じ運用を開始。さらに、美容感度の高いインスタグラマーから情報発信をしてもらうために、オープニングイベントを実施しました。

　その結果、新たなブランドとしての価値を発信し徐々に浸透させていくことに成功。その後は、フォロワー獲得を視野に入れた「いいね！キャンペーン」など各種イベントも実施、2020年5月時点ではフォロワーが1万3,000人を突破しています。

リアルイベントでは現地で投稿したくなるネタを用意する

業態に適した3つのSNS運用

①イベント招待、発信したくなるような企画を実施

インスタグラマーを60人誘致し、オープニングイベントを実施。インスタ映えするフォトスポットや各種プレゼントなどを用意し、Instagramでその様子を投稿してもらった。1周年、2周年記念のイベントも同様に開催し、徐々にファンを増やしていった。

②目的の軌道修正

ブランディング目的で実施してきたため、フォロワー数は一時、伸び悩んだ。そこである程度、ブランドイメージをPRしたところで、フォロワー獲得も視野に入れ、フォロー&いいね!キャンペーンを年に2～3回実施。より多くのユーザーにフォローしてもらえた。

③フォロワー招待イベント

美容に興味のあるフォロワーにより興味を持ってもらうため、フォロワー招待イベント（ファンイベント）を年1～2回実施。著名なメイクアップアーティストなどを店舗に招き、メイク講座などを開催。Instagramを通して、実店舗への来店を促すことができた。

成果

①Instagramのフォロワーが1万人突破
②オープニングイベントでは多くの投稿が美容関連タグで「人気投稿」に入った
③Instagramのフォロワーに、実際に店舗への来店を促すことができた

イベント・セミナーの
事前準備・手順の確認表

SNS連動のイベント・セミナーを成功させるためには、綿密な準備が肝心。イベント会場やゲストのことなどを事前に調査し、当日になってトラブルが起こらないよう、スタッフで確認できる共有リストを作っておきましょう。下記を参考にしてみてください。

イベント共有事項確認表

① イベント名・内容
「PRのプロフェッショナルが教える SNSマーケティングの必勝法」

② タイムスケジュール
5月19日（火）18時開始
17：00〜	打ち合わせ・会場設営・マイクテストなど
17：30〜	受付開始
18：00〜	イベント開始
18：45	イベント終了
19：00	会場片付け
19：30	完全撤収

③ スタッフ役割分担
○○：受付・お土産配布
△△：講師の案内・見送り
□□：撮影、SNSアップ

④ イベント会場
株式会社カーツメディアワークス
東京都渋谷区渋谷1-15-8 宮益ONビル4F
（最寄り駅　JR渋谷駅から徒歩5分）

⑤ 参加者
▼対象参加者
20名

⑥ 備品の確認
・オフィス用折りたたみテーブル　15台
・パイプイス　25脚
・マイク
・プロジェクタースクリーン
・延長コード
※コンセントの位置確認

第5章

もっと効果が上がる SNS広告活用術

SNS広告を活用すると、拡散のスピード感が増す

SNSには、広告の機能も備わっています。費用はかかりますが、**うまく活用すれば、効率よく狙ったユーザーに閲覧してもらえる、つまりリーチ数が増える**ことが期待されます。リーチ数が増えれば、その分「いいね」やコメントをもらえる確率（＝エンゲージメント率）も上がるでしょう。そのため、スピーディーにSNSを盛り上がらせたいのであれば、広告出稿は欠かせません。

SNS広告の最大の特徴は、「ターゲティング精度の高さ」です。それが、検索に対して表示するWeb広告とは違った訴求効果を発揮して、一層大きな効果が期待できます。

たとえばFacebookでは、利用しているユーザーは自分のプロフィールとして性別、年齢の登録は必須で、住んでいる地域、職業や趣味なども登録している人が多いため、それらの情報をもとに詳細なターゲティングを行うことができます。ユーザーの嗜好に適した広告を表示したり、狙ったターゲット層に広告を届けやすかったりする仕組みとなっています。その結果、ユーザーに興味を持ってもらいやすいのです。

もう1つ大きな特徴は「SNSのタイムライン内に、自然な形で広告を表示させられる」ことです。SNSでよく活用されてい

るインフィード広告は、SNSのコンテンツとコンテンツの間に
表示される広告です。友だちの投稿などに紛れて表示させること
ができるので、目にしてもらいやすい特長があります。

SNS広告とWeb広告の違い

**ディスプレイ広告
（バナー広告）**

従来のWeb広告でもよく
見られるパターン。多くの
ユーザーに発信できるが、
いったん広告出稿すると、
効果が出なくても費用がそ
のままかかってしまい改善
できないことがデメリット。

**リスティング広告
（検索連動型広告）**

ユーザーの検索キーワー
ドに応じて、そのキーワー
ドに関連した広告を表示
できる広告を指す。見込
みのあるユーザーに届き
やすいが、そもそも検索さ
れないとユーザーに表示
されないことがデメリット。

SNS広告

SNS内にて出稿できる広告。低予算で簡
単に広告出稿や運用、停止ができること、
そして見込みのあるユーザーをターゲット
として絞り込みやすいことがメリット。
Web広告の中でも、最も始めやすい。

149

常に効果を検証しながら、最高の成果ににじり寄る

　広告には、広告媒体事業者などに一任して出稿してもらう「**予約型広告**」と「**運用型広告**」があります。

　それぞれの特徴ですが、**予約型広告とはあらかじめ、ある程度のまとまった掲載金額、そして期間、出稿スペース、掲載内容などが確定している広告**です。これらは「純広告」とも呼ばれますが、代表例としては「Yahoo! JAPAN」の右上にあるディスプレイ広告です。不特定多数の人が見ている媒体の広告枠を買い取って出稿することでブランドイメージの向上などが見込めます。

　そして運用型広告とは、**一律で内容や予算を決める必要がなく、日々運用していくことが可能な広告**です。SNS広告も、この運用型広告に当てはまります。具体的には、**目的やキーワード、予算など、広告に必要なクリエイティブ要素を日々効果を分析・検証して軌道修正しながら出稿できる広告**です。運用型広告のメリットは、まさにここにあります。

　最初に広告を打ち出して、いきなり予定どおりの結果が出るのがベストですが、ほとんどの場合そのようなことは難しいのが実情です。そのため、広告に必要なクリエイティブ要素である画像やテキストは複数用意しておき、広告メニューや配信スペースな

どをリアルタイムで変更するいくつもの戦略を考えておきます。日々、広告としての目的をより効率的に達成するために、効果の薄いものは修正し、不要なものは広告を停止するなどしていきます。軌道修正しながら最高の費用対効果を発揮させることを狙う、それがSNS広告を運用していく醍醐味でもあります。

最高の成果に向けて軌道修正していく

①広告出稿後、広告結果を見て課題がないか確認する

広告運用中に起こりがちな課題

・設定した予算金額に比べ、金額が消化されていない
・目標としていたリーチ数に届いていない
・結果の単価が高すぎる
・期限までに金額を消化するのが難しそう

②課題を見直し、何を調整するか決める

・ターゲットの見直し……（調整例）年代・性別・地域・キーワードを広げたり、逆に狭めたりしてみる
・適切なSNSを使っているか見直し……（調整例）FacebookとInstagramで配信している場合、Instagramの効果が悪い場合は停止するなど
・広告の内容はユーザーに興味を持ってもらえるようなものか見直し……（調整例）違うクリエイティブをいくつか配信してみて、効果が悪いもののみ停止するなど

③改めて広告を配信し、PDCAを回す

効果が出ないものは停止、効果がよいものだけを残して配信する。効果が出なかった広告分の予算金額は、その分を別の広告に追加する。このバランスの配分は、各SNS運用担当者の配分に委ねられる。

目的・ターゲット・予算、まずこの3つを決める

　SNSで広告出稿する場合、どのように設定すれば費用対効果が最大限に得られるのか、考えなくてはなりません。そこで、「SNS広告を出す目的」「広告を届けたいターゲット」「広告で使える予算」の3つを決めます。複数ある広告メニューや課金方式などから選ぶ必要も出てくるので、それらが決まっていないと適切な広告の出稿は実現できません。

　目的は、大元のSNSマーケティングの目的に直結するものを選びます。たとえば知名度のアップを目的として始めたのなら、「フォロワーを増やす」という目的を選ぶ、といった具合です。

　ターゲットも目的同様に、当初決めたペルソナの年齢、性別、職業、趣味、嗜好などを参考にします。ペルソナは内容やデザインを決めるうえでも必要ですが、最も大きい意味合いは「どのSNSで広告を出すか」を判断する材料にするところです。

　SNS広告では広告を配信した後でも、ターゲットや予算を変更することができます。ただし目的は変更できない場合が多いので、注意してください。

　上記の3項目について、次項から詳しく説明します。

Twitter上での目的、ターゲット、予算の決め方

目的の選択

フォロワー数やウェブサイトのクリック数、アプリのインストール数を増やすなど、大きく8つから選ぶことができる。

オーディエンス（ターゲット）の設定

オーディエンス、つまりターゲットのこと。性別や年齢、言語や地域などを選択し、絞っていくことが可能。

広告予算の設定

支払方法や日別での予算、総予算つまり上限金額などを設定できる。広告開始の期間や時間など開始・終了も任意で調整可能。

目的を1つに絞ることで、広告は適正化する

　SNS広告を出稿する目的は1つに絞ります。たとえば、「フォロワーを増やしたい」「エンゲージメント率を上げたい」「HPやキャンペーン用に作った外部サイトを見てほしい」「アプリをダウンロードしてほしい」などです。「通常投稿はHPを見てほしいけど、コンテンツ動画の場合は再生数を伸ばしたい」など、SNSによっては通常投稿で広告を出す場合は目的設定を変更できるものもあります。投稿タイプごとに目的を変えてもOK。

　カーツメディアワークスがFacebookページを運用代行させていただく場合、通常投稿に出す広告の目的は「リアクション、コメント、シェアを増やす（＝エンゲージメント）」を選択することが多いです。またそれとは別に、Facebookページへの「いいね！」を多く集めるため、「ページへの『いいね！』」を目的として選択した広告を用意して出稿しています。

　つまり、**「Facebookページへの反応を増やしたい」「Facebookページのフォロワーを増やしたい」という、2つの目的を達成するための広告をそれぞれ出すことで、最もFacebookページが盛り上がるように運用している**のです。目的を明確にすることで、より費用対効果が表れやすくなるということです。

各SNS広告での目的の設定画面

Facebook、Instagram広告の目的設定

大きく3つのカテゴリから目的を選ぶ。「認知」、サービスをよく知ってもらうための「検討」、商品の購入などアクションを促す「コンバージョン」。それぞれから当てはまるものを設定する。

Twitter広告の目的設定

基本的にはFacebookなどと変わらない。前提としては、認知度を上げたいのか、サービスを見てもらいたいのか、アクションを起こしてもらいたいのか、企業のニーズに合ったものを選ぶ。

ターゲットと予算の調整で、費用対効果を高める

　ターゲットは、SNSマーケティングの目的（KPI）に沿って選択、もしくは限定的なキャンペーンならそれに特化して選択します。ターゲットが決まれば、ユーザー層の年齢や特徴、どのSNSの、どの広告を利用すべきかが判断できます。

　ユーザーはSNSのアカウント取得にあたり、氏名や年齢、性別などのプロフィール情報を提供する必要があります。提供する情報は、各SNSによって異なります。Facebookでは年齢と性別は必須で、他にも所在地、趣味など詳細な情報を入力できるようになっています。このため、企業側は特定のターゲット層を指定すれば、広告を表示させるユーザーを高い精度で絞れます。

　予算も、事前に決めておきます。SNS広告では決まった広告料を事前に支払うのではなく、広告表示数や、クリック数などによってその都度、課金されていきます。1日あたりの予算や通算での上限予算を設定しておけば、その金額に達すると広告が表示されなくなり課金も停止します。そのため少額でも始めやすく、効果を見ながら設定できるのがよいところです。

　ターゲットと予算を適切に設定し、広告の費用対効果を高めていきましょう。

ターゲットと予算の設定

Facebook、Instagram広告のターゲット設定

オーディエンス=ターゲットのこと。この画面で
ターゲットを細かく設定できる。各種設定が終わ
ると、自動でどのくらいの人数に広告を表示さ
せるのか（オーディエンスサイズ）が確認できる。

Twitter広告のターゲット設定

既につながりのあるユーザーに再アプローチす
る「テイラードオーディエンス」、キーワードを
決めて直近1週間の検索内容やツイート内容か
らターゲティングする「キーワードターゲティン
グ」、指定したユーザー名のアカウントとその類
似アカウントをターゲティングする「フォロワー
ターゲティング」などの方法が選べる。

Facebook、Instagram広告の予算設定

Facebook、Instagramともにこの画面で予算を
設定できる。1日の予算を決めると、1日あたりの
推定クリック数が表示される。1日¥100など、か
なり少額から広告を出せる。期間を長く設定して
いる場合は、1日の予算と期間をもとに導き出さ
れた合計消化金額が表示される。

Twitter広告の予算設定

最小金額が設定されておらず、支払う金額を
いつでも細かく調整できる。ただし、オークショ
ンシステムで、入札額を含めた諸要素によって
表示されるかどうかが決定する。つまり予算が
高ければ高いほど、利用可能な広告スペース
に対して、配信される頻度が高まる。

拡散性の高さの活用で、若年層にリーチできる

　Twitter広告の特徴は大きく2つです。**1つは最大のメリットでもある「拡散性の高さ」です。**ユーザーのタイムラインや検索結果に掲載される広告は、面白いと判断された時点でリツイートされます。それぞれのユーザーへと共有されるこのリツイートは、関わりのないユーザー同士でも頻繁に行われるハードルが低いものなので、広告の内容によっては、広告出稿したターゲット以外のユーザーにも爆発的に届く可能性があります。

　もう1つは、若年層の圧倒的な利用率です。Twitterでしかリーチできないような若年層をターゲットとした広告を出す場合に、高い効果が見込めます。さらに年齢や性別だけでは括りにくい商品やサービスの場合、特定のアカウントをフォローしているユーザーだけを選んだり、設定したキーワードを含むツイートや検索を行っているユーザーからターゲットを絞ったりできます。

　Twitter広告のメニューには「プロモアカウント」「プロモツイート」「プロモトレンド」の3種類があります。フォロワーを増やす、ホームページへ誘導する、ツイートを拡散するなどの目的に沿ってどのタイプを選ぶか、もしくは併用するかなど適切な方法を考えていきます。費用は広告によって異なっています。

Twitter広告出稿の手順

①広告アカウントの開設

アカウント開設は難しくはないが、この段階でオートプロモートの案内がある。これは月額9900円で、投稿したツイートを広告として自動的に配信してくれる広告システム。ターゲティング設定が細かく設定できないため、現段階では運用に時間を割けない企業向け。

②キャンペーンの作成

キャンペーンとは広告を出すときに使われる言葉で「キャンペーンの作成＝広告の作成」。キャンペーン内で複数の広告グループを作成し、予算や期間、ターゲティングなどを個別に設定することも可能。

③目的の設定

ツイートのエンゲージメント、ウェブサイトへの誘導数またはコンバージョン、アプリインストール数など、大きく8つの目的からニーズにあったものを選ぶ。

④予算の設定

日別予算を設定する。総予算を決めておくことも可能。費用が予算に達したら配信は停止
されるので少額で何度も効果を検証しながら運用可能。実行期間も、すぐに開始するか、
開始日と終了日を設定するかが選べる。

⑤クリエイティブの作成

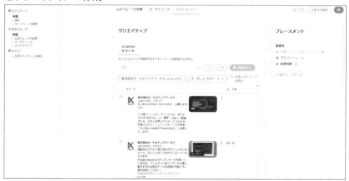

ユーザーが広告として目にする内容全般のことを「クリエイティブ」と呼ぶ。複数のクリエイ
ティブフォーマットが用意されていて、動画を添付したツイートを配信する「プロモ動画」な
どもある。

⑥ターゲットの設定

複数のターゲティング方法があるが、導入としてわかりやすいのがフォロワーターゲティングとキーワードターゲティング。

⑦-1 フォロワーターゲティングを選んだ場合の「オーディエンスの条件」

指定したアカウントのフォロワー及び以前に設定したオーディエンスに似たユーザーをターゲティングする方法。

⑦-2 キーワードターゲティングを選んだ場合の「オーディエンスの条件」

設定したキーワードを含むツイートや検索を行っているユーザーに広告が配信される方法。

ターゲティングの精度が、費用対効果を高める

　Facebook広告の一番の強みは「ターゲティング精度の高さ」です。ターゲットをうまく絞ることができれば、届けたいユーザーに広告を出せるので費用対効果が高くなります。特にFacebookユーザーはアカウントを取得するときに記入する個人情報の項目が多く、少なくとも年齢と性別は必須です。そのため「22歳から始める投資」「30歳女性のキャリア形成」などの広告を、条件に合致した人のみに届けることが可能です。

　Facebook広告で有効活用したいのがビジネスマネージャ。これはFacebook上でのあらゆるマーケティング活動や広告運用を一元管理できる機能です。ビジネス向けに構築されていることもあり、広告の作成やFacebookページやInstagramプロフィールなどの複数のアセット（企業が保持するデータベースのこと）の管理などを、複数名のチームや外部パートナーと簡単に共有できます。

　Facebook広告で画像を使う場合の注意事項に「20%ルール」があります。これは、画像に文字を重ねるときに文字の占有率を20%以内におさめなくてはならないルールのことです。2020年9月に20%ルールは事実上撤廃されましたが、今でも画像内のテキストはなるべく減らすことがFacebookによって推奨されています。

　この他、**Facebook広告の規約で違反したものに関わるコンテンツ（薬物・タバコ・成人向けの製品など）は広告出稿ができません**。また、たとえ違反していなくても、これらのものと見なされると広告が自動で停止になることもあります。Facebook広告の規約などをよく読み、無事に広告出稿されるコンテンツを作るように心がけましょう。

Facebook広告出稿の手順

①キャンペーンの作成

広告を運用して達成したい目的を、ブランドの認知度アップや、リード獲得、コンバージョンなど11種類から選ぶ。どれを選ぶべきか迷ったら、「ヘルプ: 広告の目的」を参考にする。

②広告アカウントの開設

通常のFacebookページがあれば広告は出せるが、新たに広告用のアカウントの作成が必要。企業のある国、通貨、時間帯を選ぶだけでアカウントの新規作成が可能。

③広告セットの作成

広告セットはオーディエンス、配置、予算と掲載期間から成っており、それぞれをこの段階で決める。

配信を希望するオーディエンス（ユーザー）の国、年齢、性別に加えて、詳細設定で利用者層や興味・関心、行動を追加もしくは除外して、ターゲットを定義する。オーディエンスサイズが広いのか狭いのか判断できるメーターも出る。

配置の設定

配置方法は、自動配置と手動配置の2つ。自動配置は最もパフォーマンスが高くなるよう予測して、自動で広告スペースに配置してくれる。手動で、どの場所にどのような広告を出すかを決めることも可能だが、推奨は自動配置。

予算と掲載期間の設定

予算は1日か通算か、どちらかを設定できる（「広告配信への最適化」で選択する）。初心者は1日あたりの上限予算を決めて配信し、パフォーマンスを見ながら細かく微調整を行いたい。広告配信に慣れてきたら、詳細オプションの設定も検討したいところ。

④広告内容の作成

目的に沿って、アイデンティティ、広告の形式、メディアの種類、クリエイティブ、言語、トラッキングなどを設定する。これらを設定したら、支払い方法を入力して終了。

メディアの種類の設定

画像や動画、スライドショーを選択する。用意した画像を使う場合、画像内テキストの割合が20%を超えると配信が減ることがある。動画やスライドショーの用意がない場合には、動画作成キットで画像を複数枚使用すると、自動で動画を作成してくれる。

クリエイティブの設定

実際に表示される広告の内容（クリエイティブ）は、素材となる画像があれば簡易的な動画、カルーセル、コレクション（商品のカタログを表示する）など作成できるが、こだわりの画像や動画を使う場合は、事前に広告のフォーマットを確認し作成する必要がある。

ビジネスマネージャとの
リンクが、運用を楽にする

　Instagramは匿名のSNSにもかかわらず、Facebook広告と同じく精度の高いターゲティング機能が活用できます。特にInstagramはFacebookと比べると女性たちの趣味傾向が顕著な投稿が多いので、しっかりターゲティングすることが成功ポイントになります。

　またInstagram広告の形式も、静止画・動画・カルーセル（左右に移動するWebページ）と、Facebook同様多数用意されています。**Instagram広告でさらに注目したい広告形式として、「ストーリーズ広告」「コレクション広告」「インスタントエクスペリエンス広告」**があります。

　ストーリーズ広告は、Instagramでお馴染みのストーリーズに自然に挿入される広告のことです。通常のストーリーズと同じく、静止画・動画で配信することができます。

　コレクション広告は、広告をタップするとFacebookに登録されたカタログが表示されるものです。ECサイトでの商品販売に適した機能ですが、Facebookへのカタログ登録が必要となります。

　インスタントエクスペリエンス広告は、スマホにフルスクリーンでリンク先を表示してくれる広告です。Facebookの発表によ

ると従来のWebよりも最大で15倍速く読み込まれるので、ユーザーがストレスを感じることなく広告を視聴できる効果があります。

いずれのInstagram広告を利用する場合にも、Facebookで紹介したビジネスマネージャとInstagramアカウントをリンクさせておくことをおすすめします。広告管理と結果分析がより楽になるからです。Instagramと企業のテイストに合わせたクリエイティブを作成および配信しつつ、ビジネスマネージャでこまめに結果を分析するようにしましょう。

Instagram広告出稿のポイント

FacebookとInstagramのアカウントをリンクさせる

基本的な広告出稿の手順はFacebookと同じだが、Instagram広告の場合、最初にFacebookとInstagramのアカウントをリンクさせることが必要。InstagramはFacebook傘下の企業なので、同じプラットフォームで広告を作る。手順もほぼ同じ。

手順①： Facebookビジネスマネージャのトップ画面の「ビジネス設定」から「Instagramアカウント」を選択する。

手順②：「Instagramアカウントをリンク」をクリックすると、「広告アカウント」を割り当てることができる。

手順③： Facebookで広告を作るときと同じ仕様で、種類、ターゲット、予算などを選択して広告を作成していく。

少ない広告費負担でも、世界へ動画を発信できる

　YouTubeは世界最大規模の動画サイトです。ここに動画広告を出せば、多くの人の目に留まる可能性が高まります。

　YouTube広告のメインは、スキップが可・不可が選べる、動画の冒頭（プレロール）、途中（ミッドロール）、最後（ポストロール）に流れる「**TrueViewインストリーム広告**」、スキップできない6秒以内の「**バンパー広告**」、YouTubeの検索結果画面や関連動画欄に表示される「**TrueViewディスカバリー広告**」の3種類です。スキップできる広告は30秒以内だと広告費用が発生しないため、コスト効率のよいことがメリットです。

　他にも、モバイル専用広告の「**アウトストリーム広告**」などもあります。

　テレビCMとの大きな違いは、なんといっても費用感です。数百万円から数千万円かかるテレビCMと比べて、企業側で予算を決められるため、莫大な金額の広告費がかかりません。広告予算的に導入のハードルが低く、地方自治体のクリエイティブに満ちたYouTubeのCMが一躍人気となり、爆発的に知名度を上げた例もあります。

広告配信の手順

①YouTube動画広告の作成はGoogle広告のログインからスタート

②メニューのキャンペーンタブで、キャンペーン管理画面の「＋」ボタンを押すと出てくる「新しいキャンペーンを作成」を選択

③達成したい目的とキャンペーンタイプを選択

目的を選ぶ

「販売促進」「見込み顧客の獲得」「ウェブサイトのトラフィック」「商品やブランドの比較検討」「ブランド認知度とリーチ」「アプリのプロモーション」から、自社の目的に最適なものを選ぶ。

キャンペーンタイプで広告の掲載先を選ぶ

「動画」を選ぶ。YouTubeとWeb全体でユーザーに訴求。

「キャンペーンのサブタイプ」作成できる広告の種類など、利用できる設定や機能を決める。

④広告配信の詳細を入力する

予算、配信期間、どこに配信するか、地域、言語、除外設定、デバイス、フリークエンシーキャップ、スケジュールなど、必要な項目を埋める。

⑤広告グループの作成で広告配信のターゲットを設定

ユーザー

性別や年齢、子供の有無をはじめ、世帯収入などに設定可能。

コンテンツ

関連するキーワードやトピック、広告を表示するタイミングや場所を設定する。

キーワード

ユーザーが検索したキーワードに応じて
広告を表示させるよう、関連するキーワー
ドを入れていく。

トピック

アート、ゲーム、スポーツ、ニュース、ペットな
どのジャンルを指定すると、そのジャンルに
関連するコンテンツに広告を表示できる。

プレースメント

Ｇｏｏｇｌｅディスプレイネットワークや
YouTube上の特定の場所など、広告配
信先を指定することができる。

⑥動画広告の作成

広告として配信す
るYouTube動画を
指定する。つまり
YouTubeで広告を
配信する場合、あ
らかじめ動画を
作っておき、どの
ような広告を出す
かを決めておくこ
とが大前提とな
る。

アクティブ率に着目し、
ファン増加につながる

　LINEは、月間8,300万人（2019年12月末）が利用するコミュニケーションアプリであり、広告配信プラットフォームです。SNSユーザーの81.3%が利用していて、そのうちLINEのみを使用するユーザーは約4割以上といわれています。**他のSNSを利用していない層にもアプローチできる点は、LINE広告の大きなメリット**です。

　目的に合わせて、「Smart Channel」「LINE NEWS」「LINEマンガ」などLINE公式アプリ以外のLINE関連のサービスにも配信が可能なのも特徴です。さらに「**LINE広告ネットワーク**」を使えば、「クックパッド」など有名な外部アプリにも配信が可能です。LINEの性質上、他のアプリよりも拡散力は低いですが、ターゲットを定めて配信すれば、新たなコアファンの定着が期待できます。

　LINE広告を開始するには、「LINE広告オンライン」から申し込みをします。かつては広告代理店を通してアカウント開設を申し込むなど他SNSと比べて手間がかかっていましたが、2019年11月から広告主自身で広告利用開始ができるようになりました。

　既にインフラの1つともいえるLINEを企業の広告に活用してみてはいかがでしょうか。

LINE広告での配信

①ターゲティングと配信機能

LINEデモグラフィックデータ配信

「年齢」「性別」「地域」「興味関心」の設定項目からアクションにつながりやすいターゲットを指定して配信が可能。

オーディエンス配信

ユーザー情報を利用して配信対象のユーザーをセグメントできる。たとえば一度商品を購入したユーザーの端末識別IDなどがわかれば、そのデータを使って再び購入を促す広告の配信が可能。

Cost Per Friends（CPF）

タイムラインなどに自然に流れるLINE広告により、アカウントの友だちを獲得する。関心度の高い友だち獲得が見込める。

LINE公式アカウントの友だちオーディエンス配信

LINE公式アカウントの友だちをもとに配信するターゲットを作成し、そのオーディエンスへ配信する。ブロックしているか、していないかを選べる。またこのオーディエンスをもとに類似オーディエンスも作成し、未接触のユーザーへの配信も可能。

類似オーディエンスに配信

コンバージョンオーディエンスやアップロードした顧客情報に類似したユーザーを探して配信する。類似性の高い低いによって、アクションの確度も変動する。オーディエンスサイズは1～15％まで選択できる。

リエンゲージメント配信

アプリをインストールしている休眠ユーザーを対象に広告を配信して再起動を促進。過去のアプリ内での行動からターゲティングできるので、目的につながりやすいユーザーへ広告配信できる。

自動最適化配信

機械学習を活用して、自動で広告入札の最適化を行う。設定した目標を達成できるように自動で入札調整しながら配信を行ってくれるため、効率改善や運用工数の削減が期待できる。

> 手動入札
> 運用担当者が上限CPCまたはCPMを入力します。
> 自動入札
> キャンペーン目的や広告配信の目的に合わせ、システムが入札価格を自動で調整する機能です。

予約型広告

LINE広告には配信面や期間などの出稿内容があらかじめ定められている3種類の予約型広告も用意されている。

「**リーチ＆フリークエンシー**」 月に1回以上タイムラインの広告に触れているユーザーに対し、優先的に広告を配信できる。

「**ファーストビュー**」 1日1社限定で、タイムライン面への初回訪問時に表示される。

「**ブランドリフトサーベイ**」 リーチ＆フリークエンシーと合わせて広告接触の有無等のデータを利用し、それぞれのユーザーに対してブランドリフト調査が実施できる。

②配信できるアプリ・サービスなど

Smart Channel

アクティブ性が最も高いトークリストの最上部に配信。

LINE NEWS

「ニュースタブ」トップページや記事一覧ページなどに配信。

タイムライン

全ユーザーに広告を表示。

LINEマンガ

スマートフォン向け電子コミックサービス利用時に配信。

LINE BLOG

アーティストやタレントなどのブログを見る際に配信。

LINEポイント

条件達成で付与されるポイント確認時などに配信。

LINEショッピング

ショッピング利用時に配信、ユーザーは主に若い女性。

LINE広告ネットワーク

外部アプリメディアへの配信。

③配信できるクリエイティブのスタイル

Card

静止画（1200×628）、動画（16：9）の広告フォーマット。Smart Channel面やタイムラインなど多くの配信面に対応しており、一番使い勝手がよい広告フォーマット。

Square

静止画（1080×1080）、動画（1：1）の広告フォーマット。Cardと同様、多くの配信面に対応しているのが強み。

静止画（1200×628）　**動画（16：9）**

静止画（1080×1080）　**動画（1：1）**

Vertical

動画専用で画面比率が9：16の広告フォーマット。大きな画面で表示が可能なタイムラインに対応。

Vertical（9：16）

画像+テキスト

画像とテキストで構成されるシンプルな広告フォーマット。特にユーザーのアクティブ率が高いSmart Channel面で表示される。

画像+テキスト

タイムライン表示時（2:3）　**全画面再生時（9：16）**

広告構成

要素番号	項目名	内容
①	画像	管理画面に入稿されている素材（静止画のみ）
②	タイトル	20文字以内（半角全角問わず）※広告表示される文字数は端末によって異なります
③	企業名	LINE公式アカウントの名称
④	アクションボタン	管理画面より任意で設定できます

175

潜在的な興味の喚起で、クリエイティブを具体化する

　SNS広告には、検索エンジンで検索した際に表示されるリスティング広告と決定的に違うところがあります。それは**リスティング広告が、あくまでユーザーの興味から検索されたキーワードに対して表示される一方で、SNS広告は自然と目について流れていくような広告**であることです。

　気になったら閲覧してもらえるとはいえ、SNS広告はターゲットとして当てはまったユーザーに表示されるだけで、その時点でユーザーが求めている広告とは限りません。そのため、**何気なく見ているツイートや投稿の中で、パッと目に入ったときに瞬間的に興味が湧くようなものが求められます**。ターゲットユーザーの目に留まったときに、潜在的な欲求を喚起させたり、ベネフィット（利得）を感じさせたりする内容だと意識されやすい傾向にあります。そこで通常投稿のコンテンツを作成するときと同様に、キャッチコピー、画像、見せ方を工夫する必要があります。

　ターゲットによって、どういう広告に魅力を感じるかは異なりますので、どれがよいとは一概に言えませんが、基本的な作成のコツや競合他社の広告を参考にし、効果を検証しながら地道に最適な広告クリエイティブを探すことが大切です。

見たくなるSNS広告クリエイティブ作成の3要素

キャッチコピー

英語に暗記はいらない

キャッチコピーはシンプルで簡潔なものが理想。たとえば、上のキャッチコピーは英語というキーワードでターゲットを絞って、さらに英語の勉強で引っかかりやすい悩みに寄り添った、2つの視点で訴求したキャッチコピーとなる。

クリエイティブの内容

クリエイティブも目に留めてもらうのに工夫が必要。重要な部分のみ思い切ってトリミングするなどが効果的。

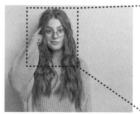

広告クリエイティブの表現方法の例

プレイアブル広告

ゲームアプリを売りたいなら少しだけプレイできるプレイアブル広告が、没入感の高いプレビューの機会を与えられて効果的。

マンガ広告

マンガによる広告は文章や写真に比べ、SNSでシェアされやすい傾向にある。また、マンガのほうがより表現が豊かになり、感情移入されやすくなる。

動画広告

動画も写真よりも多くの情報を与えられるため、いまは主流になりつつある。

チェックリストを作れば、配信ミスは防げる

　広告の配信を確定する前には必ず内容についてチェックしましょう。FacebookやInstagramの投稿は、一度広告を出すとテキストが修正できなくなってしまうからです。Twitterは、広告の有無にかかわらず投稿後は修正できません。

　また、クリエイティブを修正したい場合は、投稿自体を全部削除しなくてはなりません。しかも個人名や企業名など致命的な間違いをした場合、会社の信用問題に関わります。それだけではなく予算金額を間違えたら、予想外の金額を請求される恐れもあります。

　配信前にミスを起こさないようなルーティンを確立すべきですし、そのためにチェックリストを準備しておきます。

　SNS広告には、細かい設定内容もたくさん出てきます。しかも広告配信設定を進めるのは、大抵運用者1人……という現場も多いでしょう。**理想は最低でも2人以上は設定内容を把握しておくか、チェックリストで確認できる状態にしておきます。**

　SNS広告の初心者なら、多くの設定や項目があって煩雑でミスをしている危険性もありますし、反対に中級者以上でも、油断して細かい抜け漏れが出るので気をつけたいところです。

ミスを避けるチェックリストの作成方法

　ミスは至るところで発生するが、たとえば以下の表のように重要な部分をカテゴリーごとに分けてチェック項目と担当者を決めて確認するようにしておくと、わかりやすくなる。

　チェック項目の選定は、他社のミス事例や他部署の意見も確認してみよう。複数人でのダブルチェックやトリプルチェック、あえてプリントアウトして確認してもらうことも有効。

番号	カテゴリー	内容	担当者	チェック欄
1	配信設定の確認	配信期間は合っているか	SNS広告担当者＆広報部	
2		配信場所は合っているか	SNS広告担当者＆広報部	
3		配信ターゲットは適切か	SNS広告担当者＆広報部	
4		1日の予算や総予算は間違っていないか	SNS広告担当者＆広報部	
5	SNS規約の確認	各SNSで規定されている画像サイズか	SNS広告担当者	
6		文字数などは適正か	SNS広告担当者	
7		規約に違反した内容になっていないか	SNS広告担当者	
8	広告内容の確認	誤字脱字	社内の各部署から1人ずつ	
9		内容の抜け漏れ	社内の各部署から1人ずつ	
10		広告の目的に即しているか	社内の各部署から1人ずつ	
11		炎上する要素はないか	社内の各部署から1人ずつ	

具体的に伝えれば、購買意欲は喚起できる

　動画広告は短時間で幅広いアピールができます。1枚の静止画で表現できることと、30秒、60秒の動画で表現できることで比較すると、**音声も動きもあることから表現の幅や広がり、そして情報量が桁違いに大きいことが動画広告の特徴**です。

　特に文字だけでは特徴を伝えにくかったり、使用方法や効果の説明が難しい製品の場合、**実際にその商品を使用している映像などを動画で具体的に伝えられるため、ユーザーの購買意欲が湧きやすい**というメリットがあります。

　さらには昨今の動画サービス人気も動画広告の需要に拍車をかけているため、年々多くの人の目に触れやすい状態になっています。その要因としては、スマホ利用者の増加、インターネット回線の高速化・大容量化、YouTubeをはじめとした動画サービスの拡大、こうしたことが背景にあります。

　総務省の統計でも、インターネット利用率がテレビ利用率を上回り、ユーチューバーが子どものなりたい職業ランキングで上位に入ったり、学生の間ではTikTokなどの動画アプリの人気が出たりなど、動画の人気は右肩上がりです。

各 SNS の動画の特徴

Twitter

動画付きのプロモツイートである「プロモビデオ」が有名。推奨は15秒以下だが、原則として最長2分20秒の長さの動画を掲載可能。

Facebook

Facebookでは、タイムライン内に動画広告を差し込める。画像をスライドショーとして表示したり、テンプレートでストーリーズを作成したりできる。

Instagram

Instagramは、ニュースフィードとストーリーズで動画広告を配信できる。動画の長さは60秒まで。スマホでの視聴を想定して音声がなくても伝わるものがいい。

YouTube

YouTubeで最も印象的なのは、動画の冒頭の広告。スキップできるものとできないもので配信できる。一定のルールで、スキップされた場合には課金されないのがありがたい。

属性情報が多いほど、
ターゲットを絞りやすい

　Instagramの広告はFacebookの広告アカウントで作成するため、Facebookと同じくユーザーのさまざまな属性からターゲットを絞ることができます。あとは、広告配信対象が学生の場合、FacebookよりInstagramのアクティブユーザーが多いため、Instagramで広告配信したほうが、学生の目に留まる機会は増えるでしょう。ここでは教育系企業の事例をもとに、SNS広告の目的設定や運用方法を紹介します。

企業情報と課題	「教育系企業」 学生を対象に進学に関するセミナーを年に何回か行っている。もともと学生向けにWeb広告やSNS広告運用はしていたものの、「特にSNS広告の費用対効果を改善したい」との課題があった。その課題の背景を調べたところ、KGIやKPI設定、ターゲットの設定や投稿内容などをさらに学生向けに運用できる余地があることが判明した。

目標設定	この企業の最大の目的は、進学に関するサービスへの会員登録数を増やすことであった。そのためには、同社が開催するセミナーへの参加者数を増やす必要があった。そこで、KGIは「会員登録者数増加」、KPIは「セミナーのイベント参加者数増加」と「資料請求の増加」に設定した。

プロセス	10代の学生層の会員登録者数増加がKGIだったため、Instagramを使ったプロモーションの展開を中心にした。まず学生生活をイメージさせるクリエイティブを用意し、ターゲット層である学生たちに投稿にも興味を持ってもらえるように工夫。さらに広告運用も、より10代の学生層に届くように、広告マネージャ内でターゲット設定を細かく絞り、より効果的に運用できるように調整した。

成果	①目標の50%ほどの予算でKPIであるセミナーの集客に成功。 ②Instagramのフォロワー数自体も数千人に増やすことができ、広告を出稿しない状態でも毎月100万人以上にリーチできるアカウントまで成長をさせることができた。 ③目標のKPIとKGIを着実に達成しながら、ビジネスのさらなる成長へ向けて運用中。

076 Facebook広告による目標設定
「CompTIA」のケース

ターゲット設定の仕方で、
広告効果は変わる

　SNS広告は予算を大きくかければいいというものではなく、予算や期間を最大限に活かすためにも、細やかなターゲット設定や効果的なクリエイティブの作成など、さまざまな項目に気を使う必要があります。

　ここでは、ベンダーに依存しないグローバルなIT認定資格を提供しているCompTIAの事例をもとに、SNS広告の目的設定や運用方法を紹介します。

企業情報	「CompTIA」 全世界に10もの拠点を持つIT業界団体。1993年から同団体が提供しているCompTIA認定資格は、全世界で200万人以上が取得している。この認定資格の試験開発にはIT現場のプロフェッショナルが携わっていることもあり、「IT業務の実践力が評価される」と、全世界のIT業界から支持されている。日本国内でも企業の事業目的に合わせたIT人材の育成や、IT教育のカリキュラムの一環として、大学や専門学校などで広く導入されている。
SNSの課題と提案・目標設定	CompTIAの事業運営上の課題から、日本国内でのCompTIA（認定資格含む）についての認知向上と、SNSでのシェア拡大を目標として設定した。PRとSNSの2つを軸にすることにしたが、SNSは既に各種運営されていたため、認定資格や団体のブランドイメージやターゲティングの高さから、Facebookを中心に広告展開することを決定。まずはFacebookページへの「いいね」数を約半年間で10,000超えることをKPIに設定した。

プロセス	KPIをもとに、計画的な運用を実施。まずは広告マネージャ内で、CompTIA認定資格の受験予定者が気になりそうなキーワードを洗い出す。各キーワードをもとに、複数キャンペーンを作成、運用開始。特に効果の高かった（いいねが多く押された）ものだけを残し、最も効率がよい方法で予算消化できるように留意し、目標月までに運用。また、認定資格試験の受験に関するキャンペーンの広告運用を開始。KPIは「試験受験申込数増加」とした。

成果	PRとSNSの2軸の展開により国内での認知度向上に実施。 ①Facebookページいいね数8,000を、半年で10,000に増加。さらに1年後、約14,000に増加。 ②Facebookを経由した認定資格申込数が3倍に増加。 ③複数、専門メディアでのニュース掲載を獲得。

SNS広告の特徴一覧

第5章では、各SNS広告の特徴について紹介してきました。ここでは
その特徴を簡単に一覧にしてみました。比較されがちなWebのリス
ティング広告とも比較しています。
広告出稿するときに、ぜひ参考にしてみてください。

各SNS広告の特徴

	提供している広告の種類	ターゲティング（※）
Twitter	プロモツイート、プロモアカウント、プロモトレンド	イベント連動、特定のトピックについてツイートしている人やフォロワーが似ている人など独自の設定が可能。
Facebook	インフィード広告（写真・動画）、ストーリーズ広告、Messenger広告、カルーセル広告、スライドショー広告、コレクション広告、プレイアブル広告、インスタントエクスペリエンス広告	広告マネージャによって設定可能。趣味、学歴など詳細に設定可能。Facebook利用者から既存顧客を探し、設定することも可能。
Instagram	インフィード広告（写真・動画）、ストーリーズ広告、カルーセル広告、コレクション広告、インスタントエクスペリエンス広告	Facebookとほぼ同じ。広告マネージャによって設定可能。
LINE	LINE広告（一部はLINE公式アカウントの管理画面からも配信可能）	家族構成・携帯キャリアなどで設定可能。オーディエンス機能で、過去にメッセージを開いたユーザーにも設定可能。
YouTube	インストリーム広告、バンパー広告、ディスカバリー広告、アウトストリーム広告	家族構成・学歴・住宅所有・購買意向の強いオーディエンス・ライフイベントなど詳細に設定可能。
リスティング広告	検索連動型、ディスプレイ型	検索エンジンで検索されるキーワードや、興味関心のあるユーザーやサイトへのターゲティングが可能。

※性別・年齢・地域・趣味や興味関心（Twitterの場合キーワード）は、どのSNSでも設定可能

第6章

効果検証を次に活かす分析術

分析による改善が、高精度の広告を作り上げる

　SNSマーケティング全般に言えることですが、SNS広告は街角に飾ってある広告などと違い、「いつでも」「その場で」変更や修正を加えることができます。

　従来のWeb広告の分析には、「Googleアナリティクス」などのアクセス解析ツールが一般的に活用されています。しかし、これらの解析ツールを初心者が使いこなすのは簡単ではありません。

　その点、SNS広告では各SNSに無料で使えるインサイト、アナリティクス機能などがあり、その都度データを分析できます。どの数字に問題があるか課題を確認し、ターゲットや広告内容の軌道修正をすると、広告の精度を上げていくことができます。

　基本的なところでいえば、**広告が表示された回数、いわゆるインプレッションが多いかどうか**、ですが、これが少ない場合にはターゲティングの精度が低い可能性があります。

　また、ツイートや投稿に「いいね」やリツイート、シェアをしてもらっているかを確認して、数が少ない場合にはクリエイティブ、つまりコンテンツの内容があまり受け入れられていないと推測できます。

SNSでの分析結果を確認する

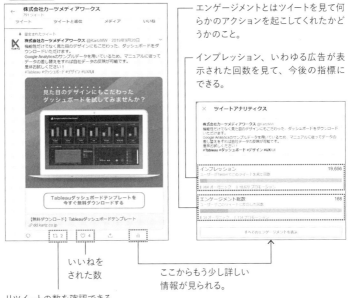

エンゲージメントとはツイートを見て何らかのアクションを起こしてくれたかどうかのこと。

インプレッション、いわゆる広告が表示された回数を見て、今後の指標にできる。

いいねをされた数

ここからもう少し詳しい情報が見られる。

リツイートの数を確認できる

トップページの上部にあるインサイトなどからは投稿で確認できない数字が確認できる。

データは、今日、昨日、過去7日間、過去28日間など期間を指定して確認できる。

CPAとKPIの確認で、運用改善策がわかる

　SNS広告・インサイトではさまざまな数字データが随時手に入りますし、効果を判断するのに役立つ多くの指標があります。それを活かして次の一手を考えますが、**真っ先に確認したい数字は、広告の分析に最もよく使われる「CPA（Cost Per Acquisition）」で、顧客獲得または見込み客獲得1人あたりのコスト**です。要するに、広告で獲得したいものを1人（1件）あたりどれだけの費用で得られたか、を測る数字です。たとえば10万円の広告予算で100人の成約を得られた場合、CPAは1,000円です。基本的な考え方は、この数字をいかに改善するかです。

　それ以外の数字は、広告の目的やKPIによって確認すべきものが異なります。たとえば、認知度向上を目的とした場合には、広告を多くの人に見てもらっているかに重きを置いて分析します。主なものとして、**インプレッション（広告の表示回数）、インプレッション単価（広告表示1,000回あたりの単価）、リーチ（広告が何人の人に見られたか）、フリークエンシー（ターゲットユーザーに広告が表示された回数）**などが有効な指標です。

　CPAをはじめとした各指標、そして各SNSで手に入る数値や目的に応じて把握すべき数値の確認が分析の第一歩です。

分析で把握すべき指標

CPA（獲得単価）の計算

$$投資した広告金額÷成約件数＝CPA$$

ここでは投資した金額が4170円。それに対して、クリック数が7件。もしクリックしてホームページなどを確認してもらうことが目的なら、この場合のCPAは595.76円となる。

▼	インプレッション	ご利用金額	リンクのクリック数	リンククリックあたりのコスト
	4,821	¥4,170	7	¥595.76
	3,723	¥4,170	7	¥595.76

—— 1つのキャンペーンのインプレッション数
—— キャンペーン全体のインプレッション数

ROI（投資対効果）の計算

$$（広告から得た売上－広告費）÷広告費（経費）×100\%＝ROI$$

投資した費用に対して、稼いだ収益の割合が投資対効果（ROI）。収益性などを測る指標として使われる。

CVR（成約率）の計算

$$成約件数÷広告閲覧者×100\%＝CVR$$

広告を閲覧した人数に対して、目的を達成できた人数の割合が成約率。効率的に結果が出ているかの指標になる。

目的別で把握すべき数字

認知度アップ	ウェブサイトへの誘導	アクションの獲得
・インプレッション ・インプレッション単価 ・リーチ ・フリークエンシー 　など	・クリック ・クリック率 ・クリック単価 　など	・コンバージョン数* ・CVR ・CPA 　など

＊コンバージョン：商品購入数や会員登録数など、最終的な成果として使われている指標。

アナリティクス機能なら、無料で細かく分析できる

　Twitterユーザーであれば、誰もが使えるアナリティクス機能。パソコンからしか利用はできませんが、無料で提供されていますので分析するなら必ず活用したいところです。

　ログインしたTwitter画面からアナリティクスを選ぶと、**過去28日間でのパフォーマンスの変動が表示**されます。

　まず画面上に大きく、「**ツイート数**」「**ツイートインプレッション**」「**プロフィールへのアクセス**」「**フォロワー**」が表示されます。下にスクロールすると、過去の月ごとのインプレッションが多かった「**トップツイート**」とともに、各月の概要として「**プロフィールへのアクセス**」「**インプレッション**」「**新しいフォロワー**」が表示されます。

　また、アナリティクス画面の上部にあるタグからツイートを選ぶと、「**ツイートアクティビティ**」が見られます。ここでは、それぞれのツイートのインプレッションやエンゲージメント（リンクやプロフィールのクリック数、いいねの数など）の詳細が確認できるので、各ツイートはどのように反応があったのかを分析するのに役立ちます。運用者はこのツイート結果を振り返り、よりユーザーの反応がよいツイートを投稿するために活かしていきます。

Twitterアナリティクスページの活用

アナリティクス画面

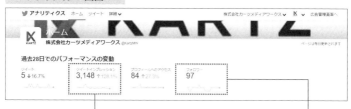

ツイートインプレッションとは、ツイートがユーザーに表示された回数のこと。最初はこの数を増やすことが重要だが、表示されただけでは結果と結び付くとはいえない。その後のリアクションやエンゲージメントを増やさなければ意味がない。

フォロワーの変動がわかる。フォロワーを増やしたい場合には、ここで増減を確認できる。

ツイートアクティビティ画面

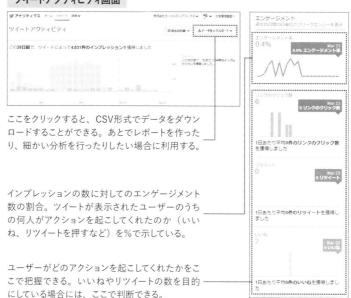

ここをクリックすると、CSV形式でデータをダウンロードすることができる。あとでレポートを作ったり、細かい分析を行ったりしたい場合に利用する。

インプレッションの数に対してのエンゲージメント数の割合。ツイートが表示されたユーザーのうちの何人がアクションを起こしてくれたのか（いいね、リツイートを押すなど）を％で示している。

ユーザーがどのアクションを起こしてくれたかをここで把握できる。いいねやリツイートの数を目的にしている場合には、ここで判断できる。

効果指標の4点確認で、効率よく分析が進む

　Facebookページ上部にあるインサイトというページを使えば、Facebook運用の効果を分析できます。これはFacebookページで30以上の「いいね！」を獲得しているアカウントのみが、無料で使える機能です。

　Facebookインサイトはさまざまな数字を確認できるので、何を見ればよいのか迷います。まず効果を分析するうえで確認しておきたいのは、「**利用者**」「**投稿**」「**いいね！**」「**リーチ**」の4点です。

・**利用者**…性別、年齢層、地域などがわかるので、今後の投稿内容などに反映しやすくなります。
・**投稿**…直近1週間の投稿についてのリーチ数や投稿タイプ、「いいね！」などの数や、ユーザーがどの時間に投稿をリーチしているか、などが確認できます。
・**いいね！**…日々の変動を確認できます。
・**リーチ**…ユーザーの画面に投稿がどれだけ表示されたかなどがわかります。

　この4点を中心に確認と分析を行い、問題点がどこかを探り、

軌道修正していきましょう。特に意識したいのは、予想と外れた反応があったり、広告の成果が見られなかったりする場合です。決めたルールに固執せず、クリエイティブや投稿時間などを見直す柔軟性が、SNS運用担当者には求められます。

Facebook インサイトの見方

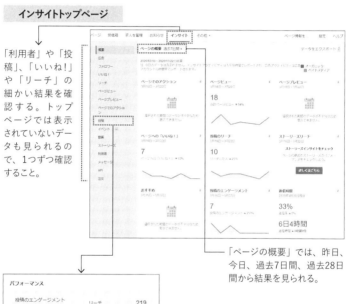

インサイトトップページ

「利用者」や「投稿」、「いいね！」や「リーチ」の細かい結果を確認する。トップページでは表示されていないデータも見られるので、1つずつ確認すること。

「ページの概要」では、昨日、今日、過去7日間、過去28日間から結果を見られる。

たとえば「投稿」をクリックし気になる投稿をクリックすると、投稿ごとのパフォーマンスが確認できる。その投稿の目的（エンゲージメント増加・リーチ数増加など）に対しての、CPA（獲得単価。ここでは「投稿のエンゲージメントの単価」）が表示される。このパフォーマンスの表示は、投稿に広告をかけているかどうかなどで変わる。

CPA や目的に合わせると、効果的な分析になる

　無料で使える分析ツール Instagram インサイトは Facebook と同じシステムを使っているため、Facebook インサイト同様にさまざまな数値を確認できます。

　まず、全体の投稿に関する数値（**インプレッション数**や**リーチ数、プロフィール**や**Web サイトのクリック数**など）が把握できます。さらに、各投稿に関する数値（**インプレッション数、フォロー数、リーチ数、いいね！の数**など）も確認可能です。

　どのような要素を持つフォロワーが多いのか分析したい場合は、フォロワーに関する情報（**フォロワー数、年齢層、性別**など）も確認できます。ストーリーズ広告を使用した場合でも、インプレッション数などをしっかり把握しておきます。

　フォロワーのインサイトで注意したいのは、ビジネスアカウントにすること、100 人以上にフォローしてもらうことが必要なことです。フォロワー数が少ないと指標の確認ができません。

　これらの数字の中から、CPA や目的に沿った指標を確認して、より効果のある広告へとつなげていきます。

Instagram インサイトの見方（モバイルアプリの場合）

「インサイト」を押すと、コンテンツ、アクティビティ、オーディエンス
が確認できるようになる。

プロフィールページの右
上にある3本線のメニュー
ボタンをタップすると、「イ
ン サ イ ト」を 含 め た メ
ニュー画面が表示される。

「アクティビティ」をタッ
プすると、直近1週間の
リーチ数やインプレッショ
ン数を知ることができる。

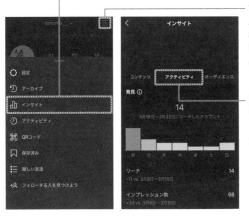

「コンテンツ」を押すと、投稿、ストーリーズ、広告の細かい分析デー
タが得られる。たとえば投稿に設定すると、過去の投稿が表示される。

投稿の表示を期間とインタラクションで絞ることができる。

「オーディエンス」をタッ
プすると、フォロワー増
減数やフォロワーの細か
い情報（地域・年齢・
性別など）が確認できる。

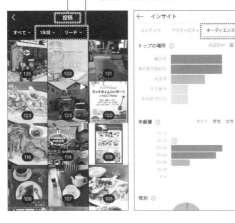

総再生時間を意識すると、検索結果に表れやすくなる

　「YouTubeアナリティクス」とは、各SNSのインサイトのように、YouTubeチャンネルのさまざまな数値を確認できるツールです。多様な動画解析機能が搭載されているうえに、YouTubeチャンネルを開設すれば、誰でも無料で使用可能です。これを使えば、「誰が」「どこから」「どの程度」動画を見ているか把握できます。

　「アナリティクス」のボタンを押すと、「概要」「リーチ」「エンゲージメント」「視聴者」の欄が出てきます。どれも重要ですが、どこから見たらよいか迷う場合は、「概要」や「エンゲージメント」の欄で確認できる**「動画の総再生時間」**を見ます。これは、YouTubeでの成功を示す重要な指標です。総再生時間によってランク付けされ、総再生時間が長い動画ほど検索結果や関連動画の上位に表示されやすくなります。上位表示されるためには、動画の内容を的確に表した魅力的なタイトルや、内容を的確に表したサムネイルを付けることが推奨されています。

　総再生時間の確認後は再生時間を増やすために、視聴回数や平均視聴時間、チャンネル登録者を増やすなどの施策を実施します。

　他にもリーチのタブから「トラフィックソース」と「インプ

レッシュンと総再生時間の関係」、エンゲージメントタブから
「人気の動画」などを確認できます。目的に沿った数字を拾い上
げ、チャンネルを盛り上げていきましょう。

YouTube アナリティクスの確認方法

YouTube Studioダッシュボードの
ページ左側にある「アナリティクス」
をクリック。

チャンネル アナリティクス

① 概要　　② リーチ　　③ エンゲージメント　　視聴者

アナリティクスを選択すると、チャンネルアナリティクス
と表示され、概要・リーチ・エンゲージメント・視聴者
と表示される。最初に意識したいのは特に以下の項目。

①概要

総再生時間
視聴者が動画を見た時間の長さ。

②リーチ

トラフィック ソース
ユーザーがコンテンツを見つけた場所がわかる。

インプレッションと総再生時間の関係
サムネイルとインプレッションがどのように動画の
視聴回数に影響し、総再生時間につながったかを
確認できる。

③エンゲージメント

人気の動画
どの動画が最も長く再生されたかを確認できる。

平均視聴時間
視聴者が各動画をどのくらい長く視聴しているかを
確認できる。

ユーザーを分析すると、
その後の訴求につながる

　LINE公式アカウントでの分析は、まずダッシュボードを開くことから始めます。LINE公式アカウント　管理画面（LINE OFFICIAL ACCOUNT MANAGER）にログインし、トップに表示されている「分析」タブをクリックすると、ダッシュボードが開きます。そこでは、過去7日間と30日間の2パターンの表示形式があり、「メッセージ」「友だち」「チャット」の概要も見られるようになっています（少し表示は変わりますが、「LINE公式アカウント」モバイルアプリからも閲覧可能）。

　そこから、それぞれさらに細かい分析の画面へと移っていけるようになっています。まず注目したいのは、概要でも表示される**「メッセージ」「チャット」「友だち」「タイムライン」**です。

・**メッセージ**：LINEでのメッセージ配信数に対してのクリック数や応答メッセージのキーワード分析が可能です。

・**チャット**：登録しているユーザーとのやりとりの回数や、受信、返信数をチェックできます。

・**友だち**：友だち、ターゲットリーチ（高い精度で属性が推定できる友だちのこと）、ブロック、それぞれの数が確認できます。性別・年齢・地域の割合で表示されます。

・**タイムライン**：タイムラインでの投稿のインプレッション、クリック、コメント、いいね、シェア数を確認できます。

ダッシュボードの概要欄

追加で友だちになってくれたユーザー数や、
ブロックされたユーザーの数などを表示。

タイムライン投稿が見られる友だちの数や、タイムラインを
フォローしてくれたユーザー数を表示。

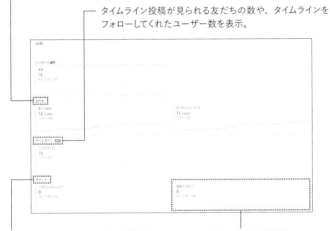

チャットの回数は、ユーザーが関心を
示している証拠。数が少ない場合は
メッセージの変更を検討してみる。

ここでクリック率や登録者の
反応を見ながら、メッセージ
の改善につなげる。

「タイムライン」への投稿を有効活用する

　タイムラインへの投稿は、いわゆる一斉送信ではなく、LINE公式アカウント内のタイムラインや友だち登録者のマイ公式アカウント内のみに表示される。タイムラインへの投稿は、ユーザーに通知がいかないことから、メッセージとしての訴求効果は薄くなる。その反面、投稿しすぎが原因でブロックされることもない。LINE公式アカウントでは、タイムラインをうまく使うことで集客効果を見込める。たくさん配信してメッセージの統計をとり、改善につなげる。データは各項目をクリックすればダウンロードできる。

ユーザーの本音の収集で、マーケティングが活きる

SNSにおける投稿や広告の成果を数字で分析していくことも必要ですが、一方で**「ソーシャルリスニング」**も重要なマーケティングの手段として活用されています。ソーシャルリスニングとは、**SNSやネット上で発信された素の情報を収集・分析し、マーケティングに活かすこと**です。

SNSの企業アカウントや投稿、広告などに寄せられるコメントや反応は、企業向けという体裁がとられていたり、元々ファンの人が多かったりで、「ひいき目があって本音がわからない」という意見があります。そこで、そこから離れているユーザー間のSNS上でのやりとりや、ブログやレビューサイト、YouTubeなどで発信されている情報をとり入れることで、より本音に近いリアルな声を知ることができるという考え方です。ソーシャルとは英語で「社会の」などの意味がありますが、まさに社会的価値としてユーザーにどのように判断されているかを測る指標になります。

数字では見えないような「ユーザーのリアルな意見」「予想もしていなかった要望」「アカウントに付くコメントだけではわからなかった反応」などが浮かんでくるため、企業にとって本当に必要なユーザーの想いを知るのに役立ちます。

ソーシャルリスニングツールの紹介

担当者が常にアンテナを張って情報取集するのもかなりの負担となる。そのため、今ではソーシャルリスニングツールを利用するのが一般的。ツールには無料のものと有料のものがあるが、まずは無料のものを使って、利用価値を判断したところで有料に変えてみることがおすすめ。

ソーシャルリスニングおすすめ無料ツール

「Yahoo!JAPAN」リアルタイム検索

検索エンジン「Yahoo!JAPAN」の検索項目に「リアルタイム」という選択肢がある。ここでは特定のキーワードを使ったTwitter、Facebook内の投稿が検索可能で、画面右側には分析グラフが表示され、調べたい日時の投稿件数がわかる。また投稿内容のポジティブの割合とネガティブの割合を判断できる感情の推移も確認できる。

Googleトレンド

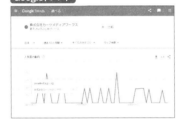

Googleが提供しているGoogleトレンドも世の中の動きを知るのに有効なツール。特定のキーワードの隆盛をリアルタイムで調べることができる。「調べる」の機能ではキーワードがどのくらい話題になっているかをGoogleでの検索ボリュームをもとにグラフ化し、視覚的にわかりやすくなっている。期間を指定して、キーワードの話題量の推移で競合と比較も可能。

Twitter高度な検索

Twitterをブラウザで利用すると、高度な検索という機能を使える。キーワード検索だけでなく、期間や地域、言語などを指定して検索も可能。フィルターで、返信のみの表示や、リンクを含むか含まないかまで指定できるのも高度な検索ならでは。

良質なツールの導入で、
レポート作成が楽になる

　多くの企業のSNS担当者に求められるのが、社内外向けレポートの作成です。というのも、レポートなどでその都度の成果や進捗を会社に報告しなければ、結果が出ていても周囲に把握してもらえないからです。

　どうしてもSNSの成果は、SNS運用担当者以外には何がどのような形で進められているのか、理解されにくい部分があります。担当者としても評価につながらず、モチベーションを保ちにくくなってしまいます。それに、ユーザーへの最適なコンテンツを届けるには、レポートよりも毎日の投稿のクリエイティブやそのアイデアに最も時間を費やしたいのが運用者の本音でしょう。

　そこで活用したいのが、さまざまな分析ツール。**SNSマーケティング用のレポートツールはすでに多くのものが提供され、利用されています。**利用料金や機能はツールごとに異なりますので、**担当者の時間短縮、作業効率化に使えそうなものを選んで導入してみる**ことをおすすめします。

　ただし、まずは公式サイトでの分析ツールを最大限有効活用することが先決なので、簡単に使えるもの以外は中級者以上になってから利用するのがいいでしょう。

全般的に使える　「Social Insight（ソーシャルインサイト）」

FacebookやTwitter、YouTubeなどメジャーなソーシャルメディア運用を支援できるソーシャルリスニングツール。クチコミの分析やSNSの効果測定、レポート作成、投稿配信といった面倒な作業をサポートしてくれて便利。特に評判なのは、炎上を察知して被害を回避できるアラート機能があるところ。
対象SNS：Twitter、Facebook、Instagram、YouTube、LINEなど

Twitterにおすすめ　「User Local（ユーザーローカル）」

URLに文字列を入力することで、過去1週間以内のツイートを最大500件まで取得して、拡散具合を分析できるツール。サンプルURLがあり、使い方も簡単。

Facebookにおすすめ　「quintly（クイントリー）」

Facebookの分析に活用できる無料ツールだが、あくまで有料ツールの無料版のため英語のみでの使用となっている。競合のFacebookページの分析ができるなど、Facebookページのインサイトより詳しい情報をチェックすることができるのが強み。有料で使う前に無料で試してみるのがおすすめ。

Instagram用ツール　「Aista（アイスタ）」

Instagram分析に特化した多機能ツール。「キャンペーンの効果測定」「最適なハッシュタグがわかる」「市場動向の調査」「競合他社の動向も把握できる」など、企業アカウントとして十分に活用できる機能を備えている。基本は有料だが、無料トライアルがあるので試してみる価値はある。

YouTube用ツール　「NoxInfluencer（ノックスインフルエンサー）」

YouTubeの分析に特化した無料サービスで、人気の高いツール。Nox Digital Entertainment（ノックスデジタルエンターテイメント）という中国に本社がある会社が開発を手がけている。このツールでは、チャンネル登録者数や視聴数はもちろん、ランキング形式で世界中のYouTuberのデータがわかる。登録が不要で使えることが人気の理由。

結果・理由・今後の施策の 3ステップでまとめる

　レポートに載せたい項目はたくさんあります。ですが肝心なのは、SNS運用担当者が「○○の数値は何を表すのか」「前回と比較してどういう結果になったのか」「今後はどういうSNS施策をとればよいのか」などをきちんと説明できることです。

　これまで、さまざまなクライアントのSNS運用を代行してきた中で特に意識しているのが、クライアントに報告するレポートはさまざまな数値結果を報告したうえで、その結果になった理由、そして今後にどう活かすべきかを伝えることです。たとえば、次のような形です。

［報告例］
①結果→「○月は、フォロワーが先月と比べて2倍以上伸びました。」
②理由→「○○をテーマに投稿した20日〜25日にフォロワーが多く伸びたので、○○のテーマの投稿に興味を持ってもらえたと考えます。」
③今後の施策→「今月も、○○をテーマにした投稿を増やしてみます。さらに、○○に関連したハッシュタグも

　増やして投稿してみます。」

　この3ステップを意識して報告することで、クライアントにもよりSNSの運用施策を納得していただけるようになりました。もちろんこれは、自社アカウントの運用結果を社内の上司に伝える際にも有効なので、報告の際に意識してみてください。

　また、クライアントや上司への報告が2回目以上の場合は、前回のレポートを用意し、結果を比較できるようにしておくと、質問が来たときも困りません。

　SNS運用の効果は、社内外含め、運用担当者以外の人にはわかりにくいものです。レポートを確認してもらう際にきちんとその効果や改善策などを伝えられると、「SNSをやることでこんな効果があるんだ！」「この人に任せてみよう」と相手に安心してもらえます。何より自分たちも、SNSの運用施策に自信が持てるようになってきます。レポートを作成する際も、このように「相手に伝わること」をしっかり意識するようにして作ってみてください。

レポートに入れておきたい必須項目

最も伝えたいポイントをまとめる

○月の報告

・○月はエンゲージメントが先月と比べ、1.5倍以上伸びました。
・その理由は、○日の投稿で、通常よりかなり多い「いいね」とコメントが集まったからだと考えられます。
・○日の投稿の第2弾、第3弾を、今週と来週で用意し、広告を出してさらに多くの方にリーチできるように運用していきます。

レポートの最初もしくは最後のページには、
・特に注目してもらいたい数値の結果
・その結果になった理由
・改善策
上記をまとめたページを用意すると、相手がレポートを確認する際、わかりやすい。

重要な数値をまとめる

・フォロワー数
　〇〇〇

・フォロワー増減数
　△△△

・エンゲージメント数
　□□

・いいね数
　〇〇

・コメント数
　△

・シェア数
　□

レポート1〜2枚目には、フォロワー数やエンゲージメント数、リーチ数などの、重要だと思える数値（KPIにしている項目など）をまとめるとベスト。それ以降は、1日や1週間ごとのフォロワー数やエンゲージメントの推移、フォロワーの年齢層や性別など、詳細な数値を掲載。

広告を出している場合は、その結果をまとめる

・広告消化金額
　〇万円（予算のうち95％消化）

・広告の結果
　A広告
　いいね数〇　いいね単価△　リーチ数□　消化金額××円

　B広告
　いいね数〇〇　いいね単価△　リーチ数□　消化金額××円

・広告の結果の注目ポイント
　B広告のほうが、同じ予算で2倍以上「いいね」が集まりました。来週からは、B広告に絞って広告を出していきます。

広告を出している場合は、その結果についても詳しく報告すること。上記以外にも、複数クリエイティブを出している場合や、ターゲットを絞るためにキーワードを変更した場合なども細かく報告する。

どの投稿が好評だったのかをまとめる

・特にリーチ数が伸びた投稿
　10日の〇〇についての投稿

・特にいいねが多かった投稿
　20日の△△についての投稿

・いただいたコメントの一部を紹介
　「〇〇の商品、使いやすくて重宝しています！」
　「ホームページがちょっと見にくいので、改善してほしい」

数値だけではわかりにくい、日々の投稿で気づいた点も報告する。たとえば効果のよかった投稿のクリエイティブ（画像・動画）を載せて、いいねやリーチ数、コメントの数、シェア数などを比較すると、今後の投稿に活かせる。

第 7 章

ファンを広げる
キャンペーン活用術

ブランディングと認知度向上に効果がある

　SNSマーケティングでは通常の投稿に加え、キャンペーンを行うことも重要です。**キャンペーンを行う主な目的は、「ブランディング＆認知度向上」もしくは「販売促進」の2つです。**前者を目的とするなら、1〜2ヵ月に1度など定期的に実行するのはもちろん、フォロワー数をさらに伸ばしたいときに実行するのがおすすめです。後者なら、新商品の発売時やリアル店舗のイベント開始時などに合わせて行うのが効果的といえるでしょう。

　認知度を向上させたい場合、最もポピュラーなキャンペーンが「フォロー＆いいねした方のうち、抽選で○名様に○○をプレゼント」などとするパターン。企画内容や応募要項はシンプルなほどユーザーが参加しやすくなりますが、その分話題性は乏しくなってしまいます。参加しやすさをとるか、話題性をとるか、そのキャンペーンを行う目的によって、調整していきます。

　また、**拡散力の強いTwitterは新規フォロワーを増やしたいとき、影響力の強いInstagramは既存ファンをコアファンに育てたいときに向いています。**キャンペーン内容だけでなく、どのSNSで行うのかもしっかり吟味しましょう。

（例）Twitterでのプレゼントキャンペーン

応募要項の ツイート	どのようなアクションをするとどのようなプレゼントがもらえるのかを、テキストや画像でユーザーにわかりやすく説明。文字数制限に引っかかりそうな場合は、外部サイトなどに誘導して、詳細を伝える。

キャンペーンの 告知	Twitter上に限らず、外部SNSやサイトにもリンクを貼り、キャンペーンへの参加を促す。ただしTwitterでは、拡散させたいからといって、ユーザーに同じ内容のツイートを繰り返すように促す行為は禁止されている。

当選者に 連絡	当選者が決まったら、ダイレクトメッセージで連絡をとる。住所や電話番号、メールアドレスといった個人情報は、取り扱いに要注意。

プレゼントの 発送	当選人数分のプレゼントを発送したら完了。「キャンペーンへのご参加ありがとうございました」とお礼のメッセージをツイートしておく。

ハッシュタグは、
UGC収集に効果がある

　TwitterやInstagramでは、ハッシュタグを活用したキャンペーンも盛り上がりを見せています。前ページで紹介したフォロー&いいねキャンペーンと基本的な仕組みは同じですが、こちらは**ハッシュタグが使われるので、UGC**（一般のユーザーが作ったコンテンツのこと）**の収集がしやすいのがポイント**です。

　Instagramでハッシュタグキャンペーンを行うときは、画像や動画にハッシュタグをつけて投稿してもらうパターンが多いです。たとえば、ポカリスエットで知られる大塚製薬は、「#ポカリのまなきゃ」もしくは「#ポカリたべなきゃ」をつけて写真や動画を投稿すると、オリジナルグッズがもらえるキャンペーンを行っています。

　一方、**Twitterでは通常投稿と同じく、テキストは140文字しか入れられません。そのため、Instagramよりも使用できるハッシュタグ数が限られます。**あわせてキャンペーン内容を説明できる文字数も限られているため、**画像や動画にキャンペーン内容を説明するテキストを載せるなどの工夫が必要**です（Instagramでも画像に文字を載せられますが、テキストが多いと広告が出せないので注意）。ユーザーはこのハッシュタグをつけてツイートす

るだけなので、テキストのみで投稿ができないInstagram よりも、応募へのハードルは低く感じられるでしょう。

　フォロー&いいねキャンペーンよりも、ユーザーの声が見えやすいハッシュタグキャンペーン。企業アカウントであれば、ぜひキャンペーン施策のひとつとして検討してみてください。

2019年に実施されたハッシュタグキャンペーン例

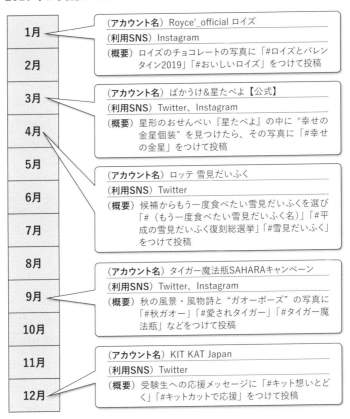

1月	
（アカウント名） Royce'_official ロイズ	
（利用SNS） Instagram	
（概要） ロイズのチョコレートの写真に「#ロイズとバレンタイン2019」「#おいしいロイズ」をつけて投稿	

（アカウント名） ばかうけ&星たべよ【公式】
（利用SNS） Twitter、Instagram
（概要） 星形のおせんべい『星たべよ』の中に "幸せの金星個装" を見つけたら、その写真に「#幸せの金星」をつけて投稿

（アカウント名） ロッテ 雪見だいふく
（利用SNS） Twitter
（概要） 候補からもう一度食べたい雪見だいふくを選び「#（もう一度食べたい雪見だいふく名）」「#平成の雪見だいふく復刻総選挙」「#雪見だいふく」をつけて投稿

（アカウント名） タイガー魔法瓶SAHARAキャンペーン
（利用SNS） Twitter、Instagram
（概要） 秋の風景・風物詩と "ガオーポーズ" の写真に「#秋ガオー」「#愛されタイガー」「#タイガー魔法瓶」などをつけて投稿

（アカウント名） KIT KAT Japan
（利用SNS） Twitter
（概要） 受験生への応援メッセージに「#キット想いとどく」「#キットカットで応援」をつけて投稿

成功の秘訣は、
話題性を突き詰めること

　メディアがSNS上でネタ探しをしていることは第1章でも説明しましたが、それはキャンペーンの企画においても例外ではありません。たとえばドミノ・ピザが行った割引サービスも、メディアに取り上げられたキャンペーンのひとつ。その内容は、インコを飼っている人を対象にした「インコ割」、前田さん限定の「前田割」などオリジナリティーにあふれた条件を設定し、対象者が情報を書き込むと割引クーポンがプレゼントされるというものでした。

　このキャンペーンで特筆すべきは、結局のところ誰でも何かしらの条件に当てはまったという点。それを単純に「書き込みをしてくれた方全員にプレゼント」とせず、実際には機能していない「面白い条件」というギミック（仕掛け）を加えたことで、大きな話題を呼びました。

　メディアに取り上げられれば、多くの人にそのキャンペーンを知ってもらうことができます。**メディアに取り上げられたいのであれば、それなりの話題性が必要**になります。しかし**話題性を重視しすぎると、企画がどんどん突飛なほうに向かい、ファンを失望させる恐れもあります**。ときにチャレンジ精神も大切ですが、肝心のユーザーを置いてけぼりにしないよう注意しましょう。

メディアに取り上げられたキャンペーン例

アカウント：コンビニ系

利用SNS：Twitter

（概要）
Twitter上でおむすびのアイデア
を募集。その後ホームページで
人気投票を実施し、グランプリ
に選ばれた作品を全国発売し
た。フォロワーと共に商品開発
をする企画が話題を呼び、ブラ
ンディング面でも販促面でも効
果を上げた。このコンビニでは
これまで、同様のキャンペーン
を複数回にわたって行っている。

アカウント：飲料メーカー系

利用SNS：Twitter

（概要）
同社の商品の認知度アップを目
的としたキャンペーンを実施。
あらかじめ決められたハッシュ
タグをつけて投稿し、30分以内
に公式アカウントから返信が来
なければプレゼントがもらえた。
Twitterのタイムリー性を活かし
た企画で、参加したユーザー数
は1万人を超えた。

アカウント：鉄道会社系

利用SNS：Instagram

（概要）
子どもが描いたお父さんの似顔
絵やお父さんとの思い出の写真
を募集。応募された作品はギャ
ラリー内に飾られた。作品が飾
られた家族は、当然それを見に
行きたいと思うもの。企業のイ
メージアップだけでなく集客効
果にもつながった。

アカウント：飲料メーカー系

利用SNS：Facebook

（概要）
Facebook上で、水分補給の充
実度を診断できるアプリを公開。
いくつかの質問に答えるだけと
いうシンプルさもあり、多くの
ユーザーの興味を引いた。ちな
みに質問に答えると、その診断
結果に合わせたアドバイスが
ユーザーに送られた。

フォロワー獲得の秘訣は、参加しやすさと規約の確認

　SNSで「ブランディング＆認知度向上」を目的としたときに最も効果的なのが、「フォロー＆いいねキャンペーン」です。これは、フォローといいねの両方をしてくれたユーザーに、抽選で商品などをプレゼントするキャンペーンです。

　TwitterやInstagramで頻繁に行われており、SNSユーザーなら実際に多くの企業のキャンペーンを目にしたことがあるはずです。応募のハードルが高くないのでユーザーに負担なく参加してもらえる、一気にフォロワーが増えるなどの効果が見込めます。

　注意したいのは各SNSの規約です。キャンペーンの趣旨や応募方法、プレゼントなどの提供条件として年齢や居住地などの応募要項の明記は、すべてにおいて不可欠でしょう。

　また、**各SNSの禁止事項を違反していないか、よく注意する**必要があります。特にTwitterの場合は「複数アカウントでの応募の許可」、そして「同じツイートを何度も繰り返すように推奨することで抽選確率が上がる」などが禁止されています。

　Facebookでは、ページへの「いいね！」を条件としたキャンペーンの応募が禁止されており、投稿への「いいね！」やコメントしか促せません。

キャンペーンツイート例

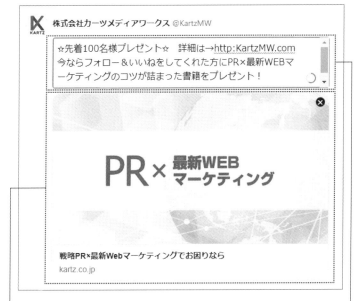

株式会社カーツメディアワークス @KartzMW

☆先着100名様プレゼント☆　詳細は→http:KartzMW.com
今ならフォロー＆いいねをしてくれた方にPR×最新WEBマ
ーケティングのコツが詰まった書籍をプレゼント！

PR×最新WEB
マーケティング

戦略PR×最新Webマーケティングでお困りなら
kartz.co.jp

文字数が限られていることから、画像を使ったり、わかりやすく内容を明示したりすることが重要。

詳しい応募要項などはURLを貼り付けて、別のキャンペーンページに記載して確認してもらう方法も有効。

キャンペーン実施の注意点

①キャンペーン実施が目標にならないよう注意
あくまでKGIを達成するための1つのきっかけなので、必ず目標は設定する。最終的な目的を忘れないように。

②フォローをすぐ外されないような工夫が必要
フォローして応募したらすぐにフォローを解除するユーザーも一定数存在する。一定数の解除は避けられないが、キャンペーン後もフォローしてくれたユーザーの温度感を下げないために、定期的、継続的に発信していくことが必要。

当選連絡・商品送付の
流れを把握しておく

　キャンペーンが終わったら、当選者の選定・当選報告・プレゼントの送付作業をすぐに行います。

　当選者の選定は、キャンペーン終了後早めに行いましょう。当選者を決めたらリストを作成しておくと、後々連絡後の進捗確認に便利です。当選者を選定したら、速やかに連絡をします。手段としては、当選者にダイレクトメッセージを送るのがよいでしょう。その際は、応募への御礼・プレゼントの内容（プレゼントを複数用意している場合）・送るための個人情報（メールアドレスや住所と名前など。賞品による）を忘れずに記載します。

　ただしTwitterの場合は、受信設定を「すべてのアカウントからメッセージを受け取る」に変更しておかないと、自分がフォローしていない相手からのメッセージを受け取れません。この受信設定を変更するか、当選者のアカウントをフォローしておきましょう。

　当選連絡を行う際、SNSによっては同一メッセージを複数名に送ると、スパム（迷惑メッセージ）扱いされてアカウントの停止があることに注意します。これには、日を分けて少しずつメッセージを送るなどして対処します。

　当選後、アカウントによっては「＃当選報告」などのハッシュタグをつけてSNSにアップしてくれる人もいます。リツイートしたり返信したりするなど、ぜひチェックを忘れず、リツイートしたりコメントしたりと、何かしらの反応を返しましょう。

当選通知の文例

●●様

いつも大変お世話になっております。
○○公式アカウント事務局の▲▲と申します。

先日は弊社の「●●プレゼントキャンペーン」にご応募いただき、
誠にありがとうございました。

厳正なる抽選の結果、
見事「●●プレゼントキャンペーン」に当選されましたので、
ご連絡をさせていただきました。

つきましては、賞品を発送いたしますので、
誠に恐れ入りますが、○月○日までに送付希望先の住所とお名前
をお知らせいただけますでしょうか。
なお、賞品の発送は○月△日頃を予定しております。
諸事情により多少前後することもございますので、
あらかじめご了承ください。

今後とも○○をご愛顧いただきますよう
お願い申し上げます。

「当選結果通知は即」が、
フォロワー増加の秘訣

　SNSのキャンペーンでは、フォロー&いいねキャンペーンもしくは、ハッシュタグキャンペーンを行うパターンが大多数です。ですが最近では、「インスタントウィンキャンペーン」もよく見かけるようになりました。これは、その場で当選結果が出るシステムです。

　インスタントウィンキャンペーンを実施すれば、ユーザーはすぐに当選結果がわかるため、キャンペーンに応募しやすくなります。同時に、企業側はフォローとリツイートなどを参加の条件にすることでキャンペーンの拡散とフォロワーの増加を一気に見込めますし、抽選やDMの配信まで自動的に行うことができるので、作業時間の大幅な短縮が可能です。

　この方式のデメリットは、Twitterのプログラムを使用するため、自社で導入する場合に運営や開発といった技術面や知識面での深い理解が必要なことです。

　そのため、実施する場合はインスタントウィンを効率よく利用できるツールを導入するか、インスタントウィンを含めたPRサービスを提供できる企業に依頼します。まずは選択肢として、知っておきましょう。

インスタントウィンキャンペーン事例

Twitterキャンペーン
画面例

Twitterキャンペーン
当選画面例

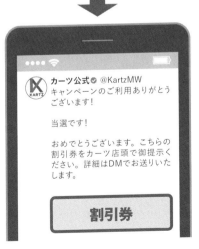

独自コミュニティだと、
エンゲージメント率が上がる

　SNSの施策の1つにインフルエンサーの活用があります。インフルエンサーとは各SNSやYouTube、ブログなどで世間的な認知度が高く、一定の影響力を持った人たちの総称です。メディアなどで活躍している人はもちろん、一般人でもさまざまな分野やコミュニティでインフルエンサーとなっている人たちがいます。

　インフルエンサーマーケティングは、企業から直接情報発信するのではなく、インフルエンサーという第三者を通して、クチコミに似た形でファンに商品やサービスをアピールできる点がメリットです。また、芸能人などを使う場合に比べ、起用するコストの負担が格段に安いのも利点です。そういう意味では、インフルエンサーの中でも1万人前後のフォロワー数を抱えているナノインフルエンサーやマイクロインフルエンサーであれば、企業側は広告・宣伝に挑戦しやすいでしょう。

　起用のポイントは、自社のサービスや商品と一致したファンやフォロワーを持っているインフルエンサーかどうかです。芸能人のように一般的には知られていなくても、独自のコミュニティの中では信頼されていて影響力があれば、エンゲージメント率が高くなる効果が期待できます。

インフルエンサーの種類

芸能人など
フォロワーが100万人以上。
広告費用が高いうえに、ターゲットがバラける。

ミドルインフルエンサー
フォロワーが10万人以上。
広告費用がやや高い。認知度の低いタレントなど。

マイクロインフルエンサー
フォロワーが1万人以上。
特定の分野でファンを持つ。一般人も多いので費用は抑えられる。

ナノインフルエンサー
フォロワーが数千人から1万人。
費用は抑えられるが広告効果も薄れるリスクがある。

一般ユーザー
フォロワーが1,000人未満。
インフルエンサーを支持する立場で、基本的にターゲットの対象となるユーザー。

インフルエンサーマーケティングの注意点

　よくある失敗が、「PR表記をつけない」というもの。マスメディアと比べると広告のイメージは薄いが、あくまで広告の一種なので、表記しないとステルスマーケティングになってしまう。表記忘れで炎上しないように、インフルエンサーとは事前の細かいすり合わせが必須である。

説得力のあるクチコミは、親近感を生み出す

　アンバサダーとは英語で「大使」を意味します。大使とは外交官の長ですが、転じて観光大使などPRの役割を担う場合に使われます。**SNSでは企業のサービスや商品を試用、体験し、ユーザーと同じ視点に立ちながら熱意のあるクチコミを発信してくれる人のこと**です。こうした人を介して行う宣伝手法は「**アンバサダーマーケティング**」とも呼ばれています。

　これに似た役割の人に、インフルエンサーがいます。インフルエンサーは宣伝という仕事の一環での活動に対し、アンバサダーの多くは元々企業のファンであるユーザーが、消費者の代表として自主的に活動してもらうことになる点が大きく違います。決してビジネスライクな関係ではないということです。

　そのため、**アンバサダーによるクチコミ発信などはユーザーへの説得力があり、親近感を持たれやすい特徴があります**。クチコミのよし悪しは、ユーザーが商品やサービスを選ぶうえで大きく重視するポイントの1つです。アンバサダーを育成したり、積極的にサポートしたりして、信頼できるクチコミを広げてもらうことで、エンゲージメント率の向上が期待できます。

アンバサダー活用事例

STEP 1　企業側からアンバサダー募集

企業がホームページやSNSを通してアンバサダーを募集する。
アンバサダーになるメリットや特典も告知。

STEP 2　イベントの実施

アンバサダーのイベントに参加してもらい、一足先に新商品やサービスを体験してもらう。

STEP 3　アンバサダーによるクチコミ投稿

イベントなどを通して体験、試用した商品やサービスについてのクチコミをSNSで投稿。

STEP 4　SNSユーザーがクチコミを見る

企業の直接PRよりも親近感のあるクチコミを確認し、商品やサービスを検討。

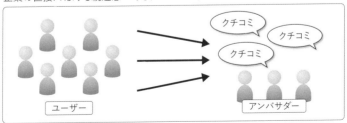

SNSの運用状況を伝え、全社意識を生み出す

　SNSを運用するうえで、**意外な盲点となるのが社内の協力体制**です。担当者だけ頑張ってSNS投稿を続けていても、他部署の人は一度も見たことがないというケースも珍しくありません。

　多くのユーザーに投稿を見てもらうためには、アカウントの存在自体の認知度を向上させなければいけません。そのためには**SNSや担当部署という枠を越え、社内のあらゆる資産を使って普及していく体制も必要**となります。

　たとえば、社員全員の名刺やメールの署名部分に告知が入っていれば、それだけアカウントの存在を広く知らしめることができます。また自社のWebサイトに載せるのも効果的。告知する媒体が多ければ多いほど、枝葉は広がっていきます。

　他部署との接点から、思わぬ投稿ネタにめぐりあえることもあります。コンテンツの改善点を提案してくれることもあるでしょう。担当部署だけで完結せず、社内を巻き込むことには、さまざまなメリットがあるのです。

　そのために大切なのは、**社内の人にSNSの運用状況を知ってもらうことです。そして協力を仰ぐこと。**投稿するのは担当者でも、アカウントの運用は社内全体で行っていると意識します。

社内資産の活用例

メール

宛先	株式会社アトム　橋本様
CC	
件名	資料送付のご案内

株式会社アトム
橋本様

お世話になっております。
株式会社カーツメディアワークスの斉藤

先ほど電話でお伝えした資料を
お送りさせていただきます。

ご確認よろしくお願いいたします。

株式会社カーツメディアワークス
斉藤　由伸

〒151-0051
東京都渋谷区千駄ヶ谷5丁目27-5
リンクスクエア新宿 16階
TEL：03-6427-1627　FAX：03-6730-9713
HP：http://www.kartz.co.jp/
カーツ公式Twitterはじめました！
フォローよろしくお願いいたします@KartzMW

株式会社カーツメディアワークス
斉藤　由伸

〒151-0051
東京都渋谷区千駄ヶ谷5丁目27-5
リンクスクエア新宿 16階
TEL：03-6427-1627　FAX：03-6730-9713
HP：http://www.kartz.co.jp/
カーツ公式Twitterはじめました！
フォローよろしくお願いいたします@KartzMW

名刺

KARTZ
KARTZ MEDIA WORKS

斉藤　由伸
Yoshinobu　Saito

株式会社カーツメディアワークス
〒151-0051　東京都渋谷区千駄ヶ谷5丁目27-5
リンクスクエア新宿 16階
03-6427-1627
y-saito@kartz.co.jp
@KartzMW

株式会社カーツメディアワークス
〒151-0051　東京都渋谷区千駄ヶ谷5丁目27-5
リンクスクエア新宿 16階
03-6427-1627
y-saito@kartz.co.jp
@KartzMW

広報視点を共有し、担当者同士が連動する

　SNS運用担当者である場合、自社全体のPR戦略はしっかり把握しておく必要があります。PR（広報）とは、報道価値のある情報をプレスリリースなどの手法で発信し、記事枠や番組の中で自社の商品やサービスを取り上げてもらうための支援活動です。かつてのPR（広報）担当は主にテレビや新聞・雑誌などのマスメディアをメインターゲットとして、「話題づくり」のための情報発信をしてきました。

　ですが、現在ではマスメディアと同じかそれ以上に、WebやSNSをはじめとしたソーシャルメディアをターゲットとした情報発信が重要になっています。そこで**マスメディアとデジタルメディアを連携させるため、部署をまたいで協同することが効果を上げるポイント**になります。

　たとえばカーツメディアワークスでは、テレビPRやイベントPRを専門としているチームと、SNS運用を専門としているチームが、同じクライアントの案件を担当することが多々あります。その場合はその企業のブランドルールなどを共有することはもちろん、イベントカレンダーなどを共有してお互いの活動を確認したり、そのクライアントに関するジャンルの情報交換を行ったり

しています。お互いの知見から、「SNSではこのようなコンテンツのほうが拡散しやすい」「○○系のメディアであれば、SNSキャンペーンのプレスリリース（報道関係者向けの発表資料）を送れる」などと提案し合うことも多々起こっています。

　このようにマスメディア領域とソーシャルメディア領域で連携すると、メディアはもちろん一般ユーザーが情報に触れる機会はより増加し、お互いの強みを活かし合うことができるのです。

PRとSNSの活動領域と連携部分

PR（広報）が行う主な業務一覧
・記者会見やプレスツアーなど、メディア向け誘致企画の提案・実施など
・プレスリリース作成・配信
・ニュースレターやメルマガ、コラム作成配信
・メディアリスト作成
・情報提供によるメディアとの関係構築

連携できる部分を探す

SNSが行う主な業務一覧
・SNSアカウントの運用ルールの提案
・SNSに掲載する投稿コンテンツ作成・配信
・広告の運用、結果の確認や調整
・SNSを通じたファン（顧客）との関係構築
・SNSキャンペーンの提案、実施、配送準備など

PRとSNSが連携できると……
・PR（広報）が行った記者会見やイベントの内容を、SNSで紹介することが可能
・SNSで行うキャンペーンを、プレスリリースでマスメディアに周知させることが可能
・SNSで集めたフォロワーの意見をもとに、広報担当からメディアへの情報配信内容を考えることが可能

特別な体験を提供し、拡散を促す

　人は特別な体験をして興奮や喜びを感じると、他者と共有したくなり、SNSで発信したくなります。そこで注目を浴びているのが、「SNS×リアル店舗」のキャンペーンです。SNSとリアル店舗を結びつけた体験型イベントの実施は、普段は感じられない特別感をもたらすことができるので、ユーザーの興味・関心や購買意欲の喚起を一層期待できるのがメリットです。

　このキャンペーン方法のポイントは、ユーザーがSNSを活用して割引サービスを受けられたり、プレゼントをもらえたりする過程で、リアルな体験を提供できることです。たとえば、①ユーザーに店舗のマスコットキャラクターや看板と一緒に撮影をしてもらい、その写真をSNSで発信してもらう、②店頭にある何かを指定して探してもらったりクイズに答えてもらったりしてSNSで発信してもらう、③SNS投稿を店員に提示することを条件に、その場限りの特別割引や特別なプレゼントをする。この3つの方法がおすすめです。

　メリットとしては、企業の認知度アップにつながるのはもちろん、SNSだけでなくリアル店舗にもお客様を呼び込みやすい点です。

　また、リアル店舗での体験提供が難しい場合でも、工夫次第ではオンラインでユーザーに「特別な体験」を提供できます。

　某外資系高級ホテルでは、社会情勢がもたらす課題を解決する、消費者のニーズを掴んだオンラインツールを企画し、SNSを活用して提供を始めました（2020年4月現在）。これはホテルのレシピ動画、オンライン背景を提供することで、ユーザーに家にいながら上質なホテルのラウンジにいる雰囲気を味わってもらおうと企画されたものです。

　このようにSNSをうまく活用すれば、ユーザーに特別な体験と感動を提供することができます。「ユーザーに喜ばれるキャンペーンを開催したい」「今までやってきたものとはひと味違ったキャンペーンを企画したい」、そのような場合に、このキャンペーン方法を思い出してみてください。

共有されるまでの考え方「AISAS」

よく、Webを利用したユーザーの購買行動プロセスのモデルとして、「AISAS」が挙げられる。SNSを活用したキャンペーンも、これに当てはまる部分が大いにある。

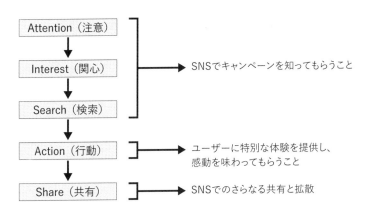

日本との習慣の違いを
キャンペーンに反映する

　　海外に向けたSNSキャンペーンを実施したい場合、まっさき
に考慮すべきなのが日本と海外でのユーザー数の違いです。日本
で幅広いユーザーに利用されているLINEは世界ではあまりポ
ピュラーとは言えません。Facebookが世界においてはダントツ
のシェアを誇っています。

　　また当然ながら日本と海外では祝日も異なります。たとえば日
本の勤労感謝の日は11月23日ですが、アメリカでは9月の第1月
曜日。他にもアメリカの場合、アメフトのチャンピオンシップ
「スーパーボウル」が行われる2月の第1日曜日が、実質的な祝日
になるといった文化もあります。SNSの利用時間が増えるタイ
ミングを狙ってキャンペーンを行いたいのであれば、ターゲット
となる地域のカレンダーもしっかり把握しておきましょう。

　　そして、トレンドの違いにも留意します。Twitterであればさ
まざまな地域を指定してトレンドを表示させることができるの
で、情報収集に役立ちます。

　　海外向けにキャンペーンを行う場合、他にも注意点がいくつか
あります。そのうちの1つとして、言語の壁が挙げられます。

　　たとえば、日本語を自動翻訳ツールで変換した結果をそのまま

投稿するのはおすすめできません。それは言葉のニュアンスで、ユーザーに誤解を与える恐れがあるためです。英語の投稿をする際は、必ず英語ができるメンバーが確認、もしくはネイティブチェックするようにしましょう。

海外でのSNSユーザー数

1位	Facebook	23億7500万人
2位	WhatsApp	16億人
3位	Facebook Messenger	13億人
4位	WeChat	11億1200万人
5位	Instagem	10億人

出典：Digima〜出島〜（https://www.digima-japan.com/）

ゲーム会社が行った海外キャンペーン例

新規SNSも試し、
新しい宣伝手法を見つける

　SNSの誕生には諸説ありますが、本格的な普及が始まったのは2001〜2002年頃と言われています。それから現在に至るまで数多くのSNSが登場し、中にはすでにサービス終了となったものもあります。

　ネットコンテンツの多くがそうであるように、SNSも流行り廃りが早いツールです。現在、国内3大SNSと言われているTwitter、Facebook、Instagramにしても、数年後に同じ立ち位置に存在するかは誰にもわかりません。

　特にSNSで広めたい商品・サービスのターゲット層が10〜20代と若い場合は、より新しいSNSも積極的にチェックしていきましょう。たとえばターゲット層と同年代のモデルなどのインフルエンサーをリサーチすると、今勢いのあるSNSがわかってきます。

　2020年現在は「17Live」「Pococha」「SHOWROOM」など、ライブ配信系SNSに勢いがある傾向です。そのため企業としても、「TikTok」を利用したプロモーションを実施するなど、ライブ配信系SNSを活用する事例が増えています。

　続々と生まれる新しいSNSのどれかが、今後の主力となる可能性もあります。そのため、どれも一度は試してみるべきです。

今勢いのあるSNS

SNS名	17Live
ロゴ	イチナナ **17 Live**
特徴	・台湾発のアプリ ・配信者にリアルタイムでコメントできる ・配信者にギフトを贈れる ・人気配信者になると広告のモデルになれるなどの特典も ・配信は生放送のみ(動画の撮り溜め不可)

SNS名	Pococha
ロゴ	**Pococha**
特徴	・国内産アプリ ・配信者はポイントのダイヤがもらえる(1ダイヤ=1円の価値がある) ・配信者のファンコミュニティ「ファミリー」で、ファン同士が交流したり配信やイベントの作戦会議を行ったりすることができる ・フィルター機能が充実

SNS名	SHOWROOM
ロゴ	SHOW ROOM
特徴	・『仮想ライブ空間』をキャッチコピーとする国内産アプリ ・アイドルやタレントの配信がメイン ・配信者にコメントやギフトを贈れる ・一般ユーザーが配信する際は「アマチュア」枠として配信することになる

SNS名	Live.Me
ロゴ	**liveMe**
特徴	・アメリカ発のアプリ ・配信者にギフトを贈れる ・配信者はギフトに応じて現金化できるダイヤが貯まる ・配信者や視聴者と1対1でチャットができる ・ステッカーやフィルターが充実

SNS名	Snapchat
ロゴ	
特徴	・登録した友人にテキスト、画像、動画などを送ることができる ・友だちに送った内容は数秒で消えてしまう ・画像や動画をクラウドストレージに保存できる ・フレンドの位置情報を地図情報で知ることができる ・海外ではプロモーションに多く活用されている

SNS名	MixChannel
ロゴ	⋒ixChannel
特徴	・国内産アプリ ・ユーザーの多くは女子中高生 ・カップル動画の投稿が多い ・カラオケ機能があり、音楽&歌詞つきで配信できる ・ラジオ配信ができる

Twitterキャンペーンによる商品認知
「オバケイドロ!」のケース

ギフトカードプレゼントで、高いリーチを獲得

Twitterは、FacebookやInstagramと比べると最もエンターテイメントが話題になりやすいSNS。たとえばアニメの放送日やゲームの発売日になると、トレンドがその話題で埋まることも多いです。Twitterでキャンペーンを行う場合は、このような特徴を利用しましょう。今回は株式会社フリースタイルの事例をもとに、Twitterキャンペーンのプロセスを紹介します。

企業および製品情報	**ゲームソフト「オバケイドロ!」(株式会社フリースタイル)** 株式会社フリースタイルでは、ゲーム開発事業、受託開発事業、ITソリューション事業部によるソフトウェア開発・インフラ構築・システム運用保守などの業務をメインに行っている。ゲーム開発部門では、Nintendo Switch™のゲームソフト「オバケイドロ!」を発売中。国内だけでなく世界中で人気を博している。
依頼の背景	同社では、Nintendo Switch™ゲームソフト「オバケイドロ!」を2019年に初めて開発。「オバケイドロ!」は、インディーゲームの祭典「BitSummit 7 Spirits(ビットサミット セブン スピリッツ)」で受賞するなど、発売前から期待されていた作品。国内版だけでなく、海外でも発売することが決定していた。そこで海外向けPRを行うため、海外向けPR & SNS運用を行っているカーツメディアワークスにサポートを依頼。

SNS広告の目標設定およびキャンペーンを行うまでのプロセス	まずSNS広告の目標は、「オバケイドロ！」の認知度向上に決定。さらに、拡散が期待できるTwitterでギフトカードをプレゼントするキャンペーンを実施。Twitter上での拡散だけでなく、費用対効果的にリーチを伸ばすことを目指した。またキャンペーンの開催前後にもTwitter通常投稿を増加。総合的に認知度アップを図った。
成果	キャンペーンの結果、英語圏28ヵ国でインプレッションは約164万、エンゲージメントは約3,700、キャンペーン参加者は約660名という結果に。新規事業のため広告予算は限られていたが、高いリーチを達成。国別に配信を調整して、費用対効果を最大化させた。

美容専門誌『VOCE』
SNS運用担当者から学ぶ
SNSコンテンツの作り方と運用方法

　　雑誌『VOCE』といえば、最旬の美容・コスメ情報が入手できるビューティーマガジン。濃度の高い美容・メイク系コンテンツを常にたくさん配信しており、全国の美容ファンから高い信頼を得ています。近年は、InstagramやTwitterを中心としたSNSの発信にも注力。特に約32万人のフォロワーがいるInstagramでは、ひとたびVOCEでコスメが紹介されると、その投稿をもとに購入する「VOCE買い」という現象が起こります。ここまで盛り上がりを見せるSNSアカウントを築くまで、どのようなSNSマーケティング施策を練ってこられたのでしょうか。
　　その過程について、VOCE事業部VOCEデジタルチーム編集長・三好さやかさんと、編集・佐藤 水梨さんにお話を伺いました。

美容雑誌VOCEとは

　1998年に日本初の美容誌として創刊され、2018年に創刊20周年を迎えた月刊美容専門誌VOCE。そのウェブサイト版、VOCEウェブサイトも2020年に20周年を迎えた。最新のコスメ情報を網羅しているのはもちろん、全国のコスメ好きの口コミを集めたVOCEオリジナルのデータベースを持ち、熱心なコスメ愛好家も読み込む良質なコンテンツを、紙やWeb、SNSなどで多角的に配信している。VOCEが年間3回主催している「VOCEベストコスメ」賞は、発表後に売り切れが続出することも多く、コスメ業

VOCE編集部では、新作コスメが到着するといち早くSNSにアップ。また動画投稿も盛んで、特にInstagramライブ配信は平均視聴者数1万人を超える大人気コンテンツのひとつ。

界に大変注目されている。SNSはInstagramとTwitterを中心に運用しており、Instagram（@ vocemagazine）はフォロワー32万3,000人、Twitter（@ iVoCE）はフォロワー17万1,000人（※2020年4月現在）。

SNSごとに目標を設定
優先順位をつけて運用開始

―VOCEがSNSマーケティングに力を入れ始めたのは、いつ頃でしょうか？

三好さん（以下、三好）「SNSに本腰を入れ始めたのは、2016年以降ですね。VOCEの方針で、『今後は本誌だけでなく、WebやSNS、テレビなど外部メディアも含めたコンテンツ連動を図り、美容ファンがよりVOCEに触れられるようタッチポイントを増やす』ように舵を切るようになりました。まずはWebサイトのリニューアルを中心に、WebやSNSなどのデジタル領域に対応するための本格的な体制を整えていきました。

ただ、私自身Web専門の編集長に着任したものの、それまでは紙媒体の編集をやっていました。つまりWebマーケティングは専門ではありませんでした。SNSの個人アカウントもほぼ投稿せず、『見る専門』(笑)。ですので、最初はかなり手探りでした。」

―そうだったんですね！　あれだけ人気のVOCEでも手探りの部分があったとは、かなり意外です。それでは、Webや各SNSに力を入れ始めた当初、「目的」や「目標」はどのように定めていたのでしょうか。それぞれ、役割を分けていたのでしょうか。
三好「具体的なKPIまでは定めておりませんでしたが、WebやSNSごとに目標を決めていましたね。

　Webで言うと、VOCEの場合はもともとオーガニック（自然）流入が多かったです。ですので、メイクのお悩みに挙げられがちなワードを軸にした切り口で、しっかり集客できるよう記事タイトルを整えていました。

　SNSは各種ある中で、InstagramとTwitterに力を入れると決めました。Instagramでは新商品の速報、Twitterではその拡散力を利用してWeb記事を広め、流入を狙うことを目標にしました。このように、各SNSで目標を決めはしましたが、メンバーの人数的にも、やれることが限られています。そのため、優先順位をつけて運用していきました。特に2019年は佐藤をSNS専任マネージャーに任命して、Instagramに力を入れました。」

Instagramは「速報性」が大切
とにかく投稿数を重ねること
―ちなみに、SNSを担当しているメンバーは何名ほどいらっしゃ

るのですか。

三好「私を含めて4人です。」

佐藤さん（以下、佐藤）「今は私がSNSに投稿するか、他の2人にコンテンツを作ってもらって、私が確認する形が多いです。」

三好「ちなみにSNSのアカウントはVOCE編集部全員に共有しているので、雑誌編集者が投稿することもありますよ。特にルールも決めていません。後から私や佐藤が投稿された内容を見直して、ハッシュタグを追加して整えるくらいです。」

佐藤「文章や画像のトンマナよりも、速報性が大事ではないかと考えています。社内のカメラマンに撮影してもらおうと頑張っていた時期もあったのですが、やってみたところ、投稿までの工程にものすごく時間がかかってしまいました。そこに時間をかけるより、フォロワーさんに新商品のコスメのデザイン・色味・テクスチャーなどをいち早く伝えたほうがよいと思い、今ではその場で撮影し、即座に投稿しています。」

三好「佐藤は、編集部の中では年齢が若く、SNSにガッツリ触れているデジタルネイティブ世代なんです。やはり普段、SNSに触れているかどうかは重要だと思います。ただ、年齢関係なくあきらかにSNSに向いてない人もいるんですよ。SNS運用に向いているかは年齢ではなく、SNSへのハマり具合によると感じます。」

佐藤「完璧主義の人は、SNSの投稿に向いていないかもしれません。コンテンツのクオリティにこだわりすぎて、なかなか投稿できなくなってしまいますから。」

三好「そういった人は、SNS投稿よりも動画撮影など、別の仕事をお願いしたほうがいいかも。あとは、とにかく投稿を続けることが大事だと思います。SNSは生き物と同じ。1週間に1個投

稿するぐらいでは、成長しません。あと会社でSNS運用する場合は、管理職が全面的に投稿する人に任せることも、大切だと思いますね。」

フォロワーからの反応が
モチベーション維持の秘訣
—SNS運用を続けるうえでモチベーションを保つのにつながったことは何かありますか。

佐藤「やはり反応があるのが、楽しいし嬉しいですね。いいねの数・保存数・コメントの内容など、すべてが励みになりますし、今後の投稿への参考になります。」

三好「Instagramを本格的に運用し始めたとき、もらったコメントには必ず返信するようにしていました。そうしていたら、フォロワーさんからの質問が増えてきたんですね。結果、化粧品メーカーさんに"VOCEのアカウントはアクティブに運用されている"と認識してもらえるようになりました。

　また質問の中には、『店舗はどこにありますか？』『予約可能ですか？』『どのような成分が入っていますか？』など、細かい確認が必要なものが多く、それらに答えていくうちに、フォロワーさんが本当に求めている情報がじわじわつかめるようになってきたと思います。とはいえ、数ヵ月かかりましたが。」

Instagramライブ配信に初挑戦
トラブルも乗り越えて、大人気コンテンツに
—フォロワーとのコミュニケーションによって、企業アカウントも成長できるし、発見できることもあるんですね。ちなみに、直

近で苦労されたことがあれば教えてください。

三好「最近だと、Instagram ライブ配信でトライアンドエラーを繰り返したことですね。」

佐藤「一昨年くらいから開始しました。ただ、最初は照明やマイクの準備が十分ではなかったので、フォロワーさんからは『見えない』『声が聞こえない』『ノイズが聞こえる』などと言われて散々でした（笑）。」

三好「私なんて、私自身が画面に登場するたびに悪口コメント書かれていました（笑）。でも、フォロワーさんとのリアルタイムでのコミュニケーションが楽しかったですし、だんだんフォロワーさんの中でファンになってくださる方もいたので、今も続けています。またお問い合わせの数も増えましたし、ある商品を紹介したところ、爆発的にヒットしたこともあります。1人でも喜んでくれる方がいるなら、今後も続けていきたいです！」

佐藤「私たちがInstagramのライブ配信を始めたときは、まだどこのアカウントもやっているところは少なかった気がします。徐々に改善してライトやピンマイクを買い足してみるなどして調整していったのですが、自分たちのやり方を確立するまでに、1年くらいはかかりましたね。」

三好「これらのWeb & SNSの活動によって、デジタルの価値は近年で社内外によく理解してもらえるようになってきたと感じています。両方いい形で共存していると思います。」

今後は Twitter にも注力

KPI は常に変えていく姿勢を持つ

―最後に、今後のSNSの活用法や効果として、どのようなことを期待していますか。

三好「Twitterを強化して、メディアとして機能させられたら、と思っています！」

佐藤「昨年はInstagramに注力してきて、自分たちのスタイルが見えてきた気がします。ここ最近は、Twitterでも美容アカウントがたくさん出現し、化粧品業界メーカーも力を入れてきているのを感じてきています。」

三好「あとはYouTubeなど、動画コンテンツを増やしていきたいですね。ただ、SNSを本気で運用したいなら、3ヵ月後、いえ1週間後にはKPIを見直さないといけないと思います。それくらい、常にSNSを見守る覚悟が、SNS運用担当者には必要なのではないでしょうか。」

サロン用ヘアケア化粧品メーカー 「ミルボン」SNS運用担当者から学ぶ SNSコンテンツの作り方と運用方法

　　1960年の創業初期から、ヘアサロン専売化粧品メーカーとして発展してきた株式会社ミルボン。ミルボン商品は美容業界では圧倒的な信頼を得ており、美容師はもちろん、美容に関心の高い一般のお客様も次々とミルボンの虜になっています。

　　ミルボンでは複数のヘアケアブランドごとにSNSアカウントが運営されており、それぞれのブランドの既存のファンを中心に、盛り上がりを見せています。

　　今回は、これらミルボンブランドのSNS運用総括を担当されている、株式会社ミルボン経営戦略部ブランド戦略グループ・統括マネージャーのTさんに、お話を伺いました。

株式会社ミルボン紹介

　2020年に創業60周年を迎える、ヘアサロン専売化粧品メーカー。プロのヘアデザイナーを開発プロジェクトに迎え入れ、最高の品質や香りを徹底的に追究する姿勢を貫いている。いろいろな髪質の悩みに対応するため、「オージュア」「エルジューダ」など複数のヘアケアブランドを立ち上げており、ファンから深く愛されている。SNSはInstagramとTwitterを中心に運用。Instagram（@ milbon.japan）はフォロワー約2万7,000人、Twitter（@milbon_FYB_MAG）はフォロワー約7万8,000人（※2020年4月現在）。

Instagram と Twitter では、それぞれ
の SNS の特徴に合わせて投稿内容を
変更。既存・新規のファンの皆様と
一緒に盛り上がっている運用方法が
印象的だ。

企業自体を知ってもらうための発信の場として、
オウンドメディアと SNS アカウントを開設

―まず、SNS マーケティングを開始したきっかけを教えてくだ
さい。

T さん（以下、T）「まず、SNS も含めた Web 施策として、自社
や商品のことを企業公式としてもっと発信していく場が必要だと
社内に提案しました。認知度調査を行った際に、エルジューダな
ど各ブランド名は知られていても、ミルボン自体がどういう会社
かはあまり知られていないという結果が出たからです。これを契
機に、2016 ～ 2017 年頃にオウンドメディア（「Find Your Beauty
MAGAZINE」）と Twitter と Instagram のアカウントを立ち上げ
ました。

　その後、それぞれの役割も整理しました。まずオウンドメディ
アは、公式としてしっかり読んでもらえる質の高い情報を配信す
る場。対して SNS は、商品を軸に、タイムリーにお客様と接点
を持てる場であると同時に、オウンドメディアの情報を広げるハ

ブ的役割を持つと考えました。ですので、オウンドメディアと
SNSも、それぞれの役割を活かして連携させることを目標にし
ていましたね。」

——マーケティング施策として、メディアの連携は重要なポイント
ですね。ちなみに、その他に試した施策などはございますか。

T「過去には、記事広告を増やしていたこともあります。ただ、
思ったような効果が出ませんでした。そこでツールを使って分析
したところ、キーワードを直接指定して検索するアクセス数が多
いことがわかりました。それであれば、自社のオウンドメディア
でしっかりコンテンツを作り、SNSでユーザーの皆様と接点を持
つ方向に力を入れていけば、短期的な広告効果に頼ることなく、
お客様との接点が生まれるのではないかと気づけたんですよね。」

——なるほど、オウンドメディアやSNSをしっかり活用すれば、
お客様との情報接点が生まれると考えられたのですね。ちなみ
に、今もWebとSNSの連携は意識されていますか。

T「最初ほどは意識していないですね。1〜2年運用していった結
果、SNSの役割が予想以上に違ったためです。

　たとえばInstagramについては、フォロワーにミルボンブラン
ドのビジュアルイメージを覚えていただくため、画像づくりにこ
だわっています。Instagramには保存機能もありますので、気に
なる商品画像を保存してもらえれば、と考えています。対して
Twitterでは、フォロワーとのコミュニケーションを重視してい
ます。投稿内容も、シェアしたい、と思っていただけるように心
がけています。ミルボンであれば、髪質診断や毎日のヘアケア方

法などのお役立ち情報をツイートすることが多いですね。お客様が商品購入後にツイートしてくださったものもリツイートしますし、リプライもなるべく返信するようにしています。」

SNSマーケティングの成果は効率重視
SNSが効果的かどうかは会社次第

―SNSの成果はどのような基準で計っているのでしょうか。また、「アカウントを開始したばかりだが、会社に効果を求められる」との課題を持つ人にアドバイスをご教示ください。

T「現状は、それぞれのプラットフォームごと（Twitter／Instagram／Webサイトのアクセス数など）に情報が届いているかどうかで判断しています。先ほどお話した記事広告以外にも、企業アカウントは広告宣伝をかける選択肢がありますよね。それらの費用対効果を確認し、全体を俯瞰したうえで、SNSも公式投稿のリーチ数、そしてUGC（ユーザー投稿）の数を見て判断しています。フォロワー数はキャンペーンをすれば増加しますので、追っていません。それよりも「毎年きちんとアカウントが右肩上がりでユーザーから支持されているか？」のほうが大切だと思います。

　また、定期的に弊社ブランドをどの情報接点から認知したかも調査しています。

　会社を立ち上げたばかりとか、新ブランドが誕生したばかりのアカウントが、0からユーザーを増やすのは、相当大変です。その場合、既存でクチコミが比較的あるならば、アカウントを立ち上げればファンの方に盛り上がってもらえるでしょう。クチコミがない場合も、コンテンツ自体に興味を持ってくれる層に運用者がきちんと発信できれば、フォロワーが爆発的に増える可能性は

あります。たとえば、悩み・お役立ち・面白い・かわいい投稿は見ていただきやすいのではないでしょうか。ただし、これは運用者のセンスが問われますね。会社の業種、業態によっても、SNSに向き・不向きがあると思います。そういう要素も考慮したうえで、そもそもSNS運用は自社にとって効率がよいかどうか、考慮したほうがいいのではないでしょうか。」

SNS運用には外部パートナーとの連携が必須
企画やクリエイティブは信頼できる外部に依頼

―現在、SNSアカウントは何人で運用されているのでしょうか。また、SNS運用担当者に必要なものとは何だと思いますか。

T「今は2人で運用しています。運用開始時は、私1人だけでした。画像手配は、外部に依頼することもあります。SNS運用は投稿者以外に管理者の方が入ることも多いと思いますが、その場合はちゃんと管理者の人がアカウントを定期的に見ていないと、どんどんSNSに対する感度は鈍ります。私も今でも、こまめに自社アカウントをチェックしています。

　SNS運用者には、体力と気合が必要です。SNSの投稿って、写真撮ったり、テキスト編集したりでかなり大変じゃないですか。運用当初は外部パートナーとうまく連携を取るなどして体制を整えておかないと、半月ぐらいで限界が来ます。ちなみに、実体験です（笑）。あとはセンスも必要と先ほど話しましたが、毎日SNSに "暮らして" いれば、着実に磨かれていくと思います。」

―外部パートナーは、どのような基準で選ばれたのでしょうか。

T「予算や自社ができることなど、自社の事情に合った外部パー

トナーを探すこと。これがすべてです。ここを背伸びしてしまうと、成果を報告してもらっても運用に戸惑いが出てきます。はじめはスモールスタートでいいので、自社で運用してみましょう。

　とはいえ、外部にはコンテンツの2つ軸、①企画、②クリエイティブの素材作りなどを相談するといいと思います。運用当初は、イラストレーターやスタイリストなど、さまざまな方にお願いしつつ様子を見て、徐々にトンマナを揃えていきました。

　また、トレンドとアカウントの方針が合う・合わないがありますね。最近でいうと、コスメ系の写真は画像内にコスメの説明が細かく書いてあるものが増えました。このスタイルは、現状の当社アカウントのブランディングとは少しずれているため、そのスタイルで投稿するためのアカウントを新規で立ち上げることにしました。まずは3ヵ月間くらいやってみて、違ったらまた変える予定です。このようにすぐ試行錯誤できるのは、SNSのいいところだと思います。」

自社に合った、適切な広告運用が肝要
認知率を上げるには、予算投資が欠かせない
―SNS広告を活用したマーケティングについて、SNS運用初心者にアドバイスをお願いします。
T「有名企業のSNSマーケティングの成功事例をそのまま鵜呑みにして成果を出すことは、ずばり無理です（笑）。予算やリーチ数や広告費の配分など、どの会社も事情や状況が違いすぎます。その成功事例をそのまま引っ張ってくるのは危険です。

　ある程度ファンのいるアカウントでも、コンテンツ制作費や広告費を全くかけずに10,000フォロワーを増やすのは、相当時間が

かかります。また、全国展開している企業であれば、10,000人フォロワーがいるアカウントでないと、あまり盛り上がっていないアカウントのように思われてしまう恐れもあります。まずアカウントの存在を既存のお客様に知ってもらうためにも、予算投資は必要ですね。独自性のあるコンテンツを打ち出していけたり、（店舗アカウントに多いのですが）有名なインフルエンサーがサポートしていたりすれば、SNS予算がなくても伸びることもあるかもしれませんが、かなりレアなケースです。」

—最後に、これから御社のSNSでどのようなことをやっていきたいのか、教えてください。

T「情報が各接点で届く数＝リーチ数とUGCの数は、今後も目標にしていきたいです。私たちは自社の商品やブランドに、自信を持っています。ですので、私たちの商品に出会えばさらに素敵になれるお客様がまだいる以上、ミルボンを知ってもらうためのタッチポイントは今後も増やしていきたいです。

　SNSは企業がユーザーと双方向のコミュニケーションを取れる貴重な場です。今までも、SNS内で座談会の参加者を応募するなど、できることは何でもやってみました。また、今後は美容師さんとコラボしてライブ配信も行い、フォロワーの具体的なお悩みをリアルタイムで解決する、などの企画もできたらと考えております。

　企業が丁寧にSNS運用していれば、フォロワー様も答えてくださいますし、一緒にSNSを盛り上げていくこともできると思います。Barのマスターと常連のお客様みたいな、程よい距離感を保てるように、これからもSNS運用を努めてまいります。」

おわりに
「伝わる」喜びを共有できる、それがSNSマーケティングの強み

　実のところ、SNSマーケティングには絶対の正解がありません。A社のアカウントである施策がうまくいったからといって、B社のアカウントでも同じような施策がうまくいくとは限らないのです。

　大事なのは、自社アカウントと運用方針、そして各SNSのトレンドを常に見つめることだと思います。

　私たちもさまざまな業界の企業アカウントの運用代行を任されてきましたが、マーケティング戦略の立案や実行には、常に分析力や決断力が求められてきました。

　このように正解も、全容すらもとらえるのが難しいSNSマーケティングをテーマに、100項目の法則やセオリーを整理してみました。

　私たちが長年SNSマーケティングを行ってきて手探りで掴んできた経験則を洗い出し、精査してまとめたのが本書です。

　私たちの会社の経営理念は、「すべての人に『伝わる』喜びを」です。

　この経営理念に則り、初心者には聞き慣れないマーケティング用語は、なるべくわかりやすく伝わるよう工夫しました。

　また、広告出稿など経験したことのない方にはわかりにくい確認事項を解説しなくてはならないページも、なるべく優先して

チェックするべき要素が伝わるよう、文章を加えました。スペースが足りず説明しきれなかったところ、どんどん各SNSの規約によって変化してしまうところなどは、今後弊社の各SNSで発信していく予定です。そちらもよろしければ、覗いてみてください。

　すべての方が、SNSマーケティングへの挑戦によって「伝わる」喜びを感じられるよう、私たちはこれからも活動してまいります。

　そして、この本を通じて、皆様の「伝わる」喜びを感じるお手伝いができれば、著者としてこれほど嬉しいことはありません。

　最後に、事例掲載の許可をくださった関係者の皆様、この本の執筆にご協力いただいたすべての関係者の皆様に、深く御礼申し上げます。

　本書を最後まで読んでいただき、誠にありがとうございます。

　　令和2年6月

　　　　　　　　株式会社カーツメディアワークス

株式会社カーツメディアワークス

PR戦略とデジタルマーケティングを組み合わせたクロスメディア戦略を得意とするマーケティング会社。「すべての人に『伝わる』喜びを」を経営理念とし、テレビ・新聞・雑誌を中心としたマスメディアPRから、Web・SNSを活用したファンベースの構築・刈り取り型のダイレクトマーケティングまで、トータルでマーケティング戦略構築・実行支援・分析を行っている。(なお、これらの実績は毎週、公式サイトにて更新中 https://www.kartz.co.jp/)。著書:『あたらしいWebマーケティングハンドブック』、『図解デジタルマーケティング・ハンドブック』(日本能率協会マネジメントセンター)

カーツメディアワークス SNSアカウント

Twitter:@KartzMW
Facebook:@KartzMediaWorks
Instagram:@kartzmediaworks
LINE公式アカウント:@kartz

著　　者:カーツメディアワークス
　　　　　明知 友希穂、阿部 真季、清水 誠一(SNS広告監修協力)、浪 明花里(Instagram監修協力)、前島 直紀(インフォグラフィック監修協力)

執筆協力:狩俣 俊介、斎藤 正太(ユニ報創)、石丸かずみ
特別協力:イー・クリエイション株式会社 (p84-85)

SNSマーケティング100の法則

2020年6月30日　初版第1刷発行
2022年4月15日　　　第5刷発行

著　　者——カーツメディアワークス　　　ⓒ 2020 Kartz Media Works
発行者——張 士洛
発行所——日本能率協会マネジメントセンター
〒103-6009 東京都中央区日本橋 2-7-1　東京日本橋タワー

TEL 03(6362)4339(編集)／03(6362)4558(販売)
FAX 03(3272)8128(編集)／03(3272)8127(販売)
https://www.jmam.co.jp/

装　　丁——冨澤 崇 (EBranch)
本文DTP——株式会社森の印刷屋
印 刷 所——広研印刷株式会社
製 本 所——ナショナル製本協同組合

ISBN 978-4-8207-2822-1　C2034
落丁・乱丁はおとりかえします。
PRINTED IN JAPAN